Catcher

一如《麥田捕手》的主角，
我們站在危險的崖邊，
抓住每一個跑向懸崖的孩子。
Catcher，是對孩子的一生守護。

不吼不叫 激發孩子內在學習力

王意中 心理師◎著

立目標 ▶
- 當孩子沒有目標
- 當孩子的成績吊車尾
- 當孩子設定了不合理的目標
- 當孩子考試作弊

妥善運用獎勵 ▶
- 當孩子愛談條件
- 當孩子要求先玩，才寫作業
- 當獎勵沒作用
- 當孩子對責罵沒反應

發現熱情 ▶
- 當孩子提不起勁
- 當孩子對讀書不在乎
- 如何激發學習熱情

好奇心 ▶
- 當孩子缺乏探索力
- 當孩子只想要答案
- 孩子總愛問為什麼

學習動機

- **培養興趣**
  - 當孩子對什麼都沒興趣
  - 當孩子只對某些事物感興趣
  - 當孩子只愛讀課外書
  - 當孩子的興趣換來換去
- **提升自信心**
  - 當孩子抱怨好難
  - 當孩子害怕失敗
  - 一百分的迷思
- **增加參與力**
  - 當孩子拒絕上學
  - 當孩子成績不好被排擠
  - 當孩子討厭老師
  - 當孩子想休學
- **維持好心情**
  - 當孩子有「習得無助感」
  - 孩子常抱怨肚子痛
  - 當孩子的好勝心太強

目錄

學習動機第6招：提升自信心

學習動機第7招：增加參與力

學習動機第8招：維持好心情

激發
孩子內在學習力的200個
祕·訣·指·南

【建立目標】

【妥善運用獎勵】

【提升自信心】

【增加參與力】

【前言】

讓學習翩翩起舞

蘭陽平原上，在醞釀與思索這本作品的那些小日子。

從宜蘭市的家出發，與念小二的哥哥與之所至地騎著腳踏車，經安農溪畔往三星搖搖洛克馬；迂迴金同春圳往礁溪龍潭湖環繞；沿得子口溪往頭城外澳與龜山島說嗨；跨越蘭陽大橋，順蘭陽溪往出海口，轉冬山河畔欣賞行經鐵橋的火車；或沿宜蘭河右岸至壯圍東港出海口，玩沙、吹海風。

在一次次的父子倆小騎微旅行中，當時腦海常浮現著「到底是什麼樣的動力，讓孩子願意嘗試這些費力的活動，甚至於樂此不疲？」（謎之音：這些距離，對甚少運動的中年阿爸來說，還真有些吃不消。）

仔細想想，或許內在學習力就蘊藏在其中。

你可以找找，哪些事，孩子不需要催促、提醒、叮嚀，他就會主動去接觸、想探索、願意嘗試？這樣的行動力，你可以發現他能維持很長的一段時間，而且朝著所設定的目標前進。請試著感受孩子如此的內心狀態，這就是我在書裡想要強調的內在學習動機。

你可能苦惱於孩子的學習動機像泡水的木炭般，連火種也使不上力。請留意，指責、糾正、批評、謾罵、大吼大叫，都無助於激發孩子的內在學習力。有時，甚至於會適得其反。

在《不吼不叫，激發孩子內在學習力》這本書裡，我將和你分享，提升孩子學習動機的八大關鍵密碼與教養祕訣。包括①目標、②獎勵、③熱情、④好奇心、⑤興趣、⑥自信心、⑦參與力、⑧好心情。讓你得以優雅地，欣賞孩子在學習之中翩翩起舞。

感謝寶瓶文化朱亞君社長兼總編輯的支持，讓我能將多年來在兒童青少年心理諮商與治療的專業及臨床實務，透過文字、化為書本，與讀者進行更多元、更完整、更深刻的分享。

謹將此書獻給我親愛的老媽、老婆，與姵涵、翔立、涵立三好米寶貝，因為你們的陪伴，讓我的生命更飽滿、豐富，在蘭陽平原上。

學習動機第1招

建立目標

非學不可之建立目標

有時，孩子就像處在學習的十字路口，眼前盡是錯綜複雜的道路指標，沒有方向指引，紅綠燈閃爍個不停。有些孩子無奈地停留在原地，不知道何去何從。有些孩子遠遠地被拋在後方，仍然無法望見前方車尾燈。有些孩子以五十、六十公里時速，硬是想闖入國道高速公路。有些孩子則孤注一擲地，以違規、改裝的方式，競速尬車。

不是每個孩子都有清楚、合理的目標，也不是所有的孩子都能順利達到目標。有時，目標是父母所期待，但不為孩子所鍾愛。有時，為達目標，孩子鋌而走險，選擇不擇手段。

當孩子陷入目標危機，不要只是抱怨孩子沒動機，請先一起與他好好地檢視自己的特質和能力。這就如同汽車定期健檢一般，把孩子的車身狀況及學習性能好好地探究一番，這時彼此也比較能夠清楚知道學習的情況。

啟動學習之旅，讓我們先和孩子建立所要前往的目的地。ＧＰＳ設定好，估算達到目標所需的時間，以及可以選擇的最佳路線——無論是最短行車距離或最快抵達時間，同時思考「引起」及「維持」孩子前往目標所需要的內在狀態。

讓我們先發揮心思，好好釐清孩子的優勢特質，及待改善的學習能力。建立符合孩子水平的目標，讓孩子有方向感，幫助他可以有所遵循。慢慢掌握自我及駕馭學習，並從中去體會與感受前往目標的路途上，可能遇見的所有狀況與美好。

提升孩子學習動機的第一個密碼，就從建立目標開始。

問題一
當孩子沒有目標

「我的大鈞爸，這孩子到底是怎麼了？都已經讀到國中二年級了，每天無所事事，成天看他這樣晃來晃去，晃得我的心都糾結在一起。不要說讀書沒目標，就連生活上也亂成一團，我都煩惱他像個無頭蒼蠅般，不知道飛往哪裡去？整天只會說：『反正十二年國教的時代來臨，基測也沒了，考試考好考壞也變得無所謂。』你瞧，這樣的學習態度還得了？」大鈞媽皺著眉，無奈地說著。

「沒目標？學校裡不都把該上的課寫得清清楚楚，哪來的沒目標？我看都是在找藉口，現在的孩子只要脫口一說『我沒目標』，好像一切都事不關己，責任全沒。沒目標？把課本打開，目標都在眼前。」大鈞爸不以為然地回應著。

「話是這麼說沒錯，但你也知道大鈞只要一碰到書，就像路上遇見路人甲、路人乙，不僅沒打招呼，連微笑都省了。不要說在課本上找不到目標，我看連明天要上的課本放在哪裡，他可能都還找不到。」大鈞媽只能苦笑地搭話，心想：「沒有目標的人生到底是什麼滋味？」

「哎喲！大鈞媽，你嘆什麼氣。孩子沒目標，直接給他目標不就得了，哪來那麼多麻煩？」

「你以為我們家公子吃這一套？我又不是沒試過，每次只要和他討論到學習這件事，他馬上會回你一句『反正十二年國教都有學校念，擔心什麼？』一句話，又繞回到原點。」

說到這裡，大鈞媽又嘆了一口氣。

「哎！這孩子到底是要走去哪裡呢？我們做父母的，是不是直接幫他把目標設定好就行了？」

建立目標的祕訣指南

祕訣001 學習是為何而戰？
祕訣002 誰來決定目標？
祕訣003 學業優先？
祕訣004 小目標先達陣
祕訣005 可掌握與可控制
祕訣006 尋找優勢力

祕訣 001

學習是為何而戰？

學習動機，是一種非常目標導向的內在狀態。當孩子苦於不知「學習是為何而戰」，目標自然就消失在茫茫大海中。有時，孩子的目標被明確地訂在前方，但是沒有給他一個合理說服自己的理由，或考慮到孩子實際的學習需求，還是很難讓孩子發動內在學習動機。

學習是為何而戰？你可能會不假思索地回答：「為何而戰？當然是為你自己啊！你現在好好學，以後就會有大好的前途等著你。」前途？說真的，對於現在的孩子來說，真的是一件比外太空還遙遠的事情。

有目標沒錯，但「前途」這個詞太抽象，時間軸距離現在太遙遠。

學習是為何而戰？

請試著給自己與孩子一個合理及具體的理由。

祕訣 002

誰來決定目標？

沒有人喜歡被強迫，但有人卻需要被安排。

當孩子年紀小，缺乏對目標的認識，這時父母給予清楚、合理又可以達成的目標：「你應該做什麼」、「你應該往哪裡去」，會讓孩子在學習的路途上有所遵循，而感到安心。雖被強迫、規定，但只要不太過，年幼的孩子倒也樂在其中。

但是隨著年齡的成長，特別是到了青春期，父母也開始意會到孩子已經多了許多自己的想法，也多了許多自己想達到的目標，這時，可以和他一起討論這些目標的內容。

聽聽孩子對於目標的想法，別急著太快幫他下決定或否定。如果孩子真的苦於不知道目標在哪裡，你也可以選擇兩到三個目標，讓孩子來思考與判斷自己想要啟動的方向。或參考你所提供的這些目標，進行微調或修正，找到屬於自己的目標。

祕訣003

學業優先？

談到學習動機，我想對於華人社會的父母來說，提升學業表現會是第一個浮現的畫面。但這卻很容易與孩子的想法相扞格。啟動孩子的學習動機，在目標的建立上，倒不一定單純僅以學業表現為主。

路很寬，路很廣。當然你也可以與孩子搭配學業和不同興趣的組合，例如：學業與溜蛇板，學業與手作印章、黏土、紙藝作品或生活小雜物。

讓自己的視野放大些，雖然這些可能挑戰著我們過去的思維與習慣。

祕訣004

小目標先達陣

目標可大可小，目標有大有小。在孩子還缺乏目標的當下，可以事先從容易達成的小目標設定開始。先達陣，先體會抵達終點的美好感覺。先達陣，好回顧這一段經驗的過程。先達陣，累積往下一步努力的動能。先達陣，好對於自己的信心先儲值。讓孩子可以清楚地看見自己做到什麼而達成目標。

如果孩子目前的學習動機在於學跆拳道，那麼你可以和孩子設定現階段所要達成的目標是什麼，例如：是維持無級的白帶入門，還是向前挺進九級白黃帶、八級黃帶、七級黃綠帶。當然，短期與長期的目標可能依序設定六級綠帶、五級綠藍帶、四級藍帶、三級紅藍帶、二級紅帶，或一級紅黑帶等。

祕訣005

可掌握與可控制

學習目標的設定，在於讓孩子感受到可以掌握與控制，這對於動機的燃燒是相當重要的一件事。就以幼兒玩碰碰車為例，在方向盤的掌握與油門、煞車的踩踏之間，慢慢開始體會到身體、動作與車子這玩意之間的互動關係。從初學起的猛踩油門往前衝，到不時踩踏煞車時而停頓。慢慢地，那種可以掌握、可以控制的感覺浮現後，孩子的臉上也逐漸綻放出自信的微笑。

對於眼前的目標，讓孩子體驗自己可以控制的程度。讓孩子見識到，我自己也可以做得到。因為我會，所以我可以控制，進而我可以主動去完成。

祕訣
006

尋找優勢力

每個孩子其實都有屬於他自己的相對優勢能力，這些能力當然不盡然在學業表現、特殊才藝或運動技能上。有時，甚至於是孩子所具備的特質，無論是具領導力、協調力、行動力或配合度等皆然。讓孩子以這些優勢為基準，從中慢慢與孩子設定屬於自己的目標，是可以思考的方向。

依照孩子的優勢，順勢而為。在學習的路途上，也能夠駕輕就熟，低耗能、不費力。

例如：當你發現孩子熱愛手作紙藝，也具備這項創作的天賦，無論是剪紙、紙雕、摺紙、捲紙、手作卡片，或用瓦楞紙做創意造型等。這時，你可以順水推舟，讓孩子往這個目標設定。從這些優勢的手作，去體驗學習的美好過程、完成作品時的那瞬間成就感，及完成後觀賞的滿足感與分享的暖暖心意。

問題二
當孩子的成績吊車尾

「阿坤，你到底在搞什麼，考這什麼分數，能看嗎？」

阿坤爸把一落考卷摔在桌上，怒不可抑地繼續數落著。

「該補的，也給你補了。該請家教，也給你安排了。天曉得你到底在幹嘛？真的是把我這老子的臉丟大了！」

「考不好是我自己的事，關你什麼事？」阿坤也不示弱地回嘴著。

「你這孩子還在跟我狡辯！你的事？你曉不曉得全公司的員工都知道你這小子是老闆唯一的獨生子。你考成這樣，我出去能看嗎？我已經想盡辦法讓你讀最好的私立學校，你竟然每學期都給我掛在全班最後面。考成這副德性，要嘛不是你不用功、混、沒在念書，要不然就真的是太笨。」

「笨也是你生的，還怪誰！」阿坤再次頂嘴回去。

這時，只見阿坤媽趕緊在父子倆中間想辦法緩和劍拔弩張的衝突。

「阿坤爸，你就先緩緩氣，忙你的事，我再和家教老師討論阿坤的問題到底出在哪裡。」

「就是因為我沒插手，才讓阿坤的成績演變成今天這個地步。你這個做媽的，功課就好好給我盯，不然輪到我來教，阿坤就沒好日子過。」

說是這麼說，但阿坤媽知道先生公司忙，真的要讓他下馬來和孩子的成績窮攪和，說真的，靠自己還比較快。

只是，望著眼神落寞的孩子，一副失魂落魄的模樣，阿坤媽看了實在既著急又心疼。

建立目標的祕訣指南

祕訣007

那些年，吊車尾想要說的事

沒人喜歡吊車尾那種被拋在後頭，遙遙追趕的感覺，特別是在成績這件事情上。但無奈又現實的是，在一個班級裡，只要有成績排比這件事，就會有那一小群孩子的成績壓在後面。

吊車尾，到底要告訴我們什麼事？

請先不要以偏概全地認為這些孩子就是不認真、不用功、不聰明。很抱歉，這只是一場在學業成績上的暫時評比，不等於孩子的全部。

重點在於，面對孩子的成績吊車尾，我是否能夠很清楚地看到孩子在當中所需要被協助的地方，他的真正需求，以及過去我是否曾經滿足他這些需求。

祕訣008

同理吊車尾的心情

或許有的孩子會苦中作樂地對同學說：「你看，我就是那麼貼心，總是在班上墊底，好讓你們回家不用讓父母操心。」成績吊車尾的孩子到底是怎樣的心情？無奈、無助、徬徨、焦慮、失落、傷心、難過、疏離，還是無感？

當我們沒有辦法事先去感受孩子當下的心情，卻直接地以指責、數落、辱罵、嘲諷等方式對待，甚至於施以所謂的家規，禁制這個、限制那個，當然還可能包括一頓毒打……

說真的，如此要讓孩子啟動內在的學習動機，跳脫最後一節車廂，往前跨越，這難度還真的挺高的，往往會物極必反，事與願違。**試著把角色互換，體驗一下當身處在班上，面對來自其他同學的異樣眼光，甚至於冷嘲熱諷的刺激時，當事人的感受。**

祕訣009

吊車尾與負責任

你可能會這麼反應：「孩子成績墊底是事實，難道他真的不需要為自己的表現負起責任？」許多事，請記得避免陷入二分的極端。成績墊底的因素很多，這當中，有一件事情必須確認的是，在孩子的能力範圍內，他在這件事情上投入了多少。

「我盡力了！」這句話，每個人的解讀不同。重點在於你是否清楚自己的孩子真的是盡力了。**成績墊底不全然是學業能力的問題。如果孩子使盡全力準備了，但真**

的成績不如人，這時，他的努力過程就是我們必須看見的。

祕訣010

最快樂的倒數第一名

小提琴家陳美在索契冬奧女子滑雪超級大曲道比賽排名七十四墊底（同項目中另有十五人未達終點），但賽後卻表示自己「一定是全場最快樂的倒數第一名」。

墊底、吊車尾、最後一名，到底該如何看待？這時，就要看你的眼光是聚焦在哪裡。一圓冬奧滑雪夢，特別是比賽完全場，這至少是陳美的目標之一。因此，準備與參與的努力，以及投入過程所帶來的美好感覺，始終會蓋過成績排名這件事。

祕訣011

吊車尾的合理看待

「我不在乎你的成績，我在意的是你的過程。」這句耳熟能詳的話，你我並不陌生。但是當瞧見孩子考卷上寥寥可數的分數，及成績單上幾乎道出班上有多少人數的最後排名，對於父母來說，心裡仍然有著一股莫名的焦慮、憤怒與浮躁。

當孩子吊車尾時，你要讓他看見什麼？是成績排名的那個點，還是孩子是如何走到這個點？

以陳美的冬奧滑雪例子，我想你可以試著與孩子分享的是：陳美如何引起與維持她的目標導向行為（參與冬奧滑雪）的「內在狀態」。

「我參賽的目的，並不在於和世界上最優秀的運動員一較高下，而是為了能和他們一起參與這一盛事，這才是真正的奧林匹克精神。」陳美如此說著。

這也是我們在這裡要談的學習動機。此時，吊車尾已經不是重點。更何況，**人生不會僅在一場課業成績的吊車尾中，就全然地把孩子本身否定掉**。但請讓孩子記得，陳美在冬奧滑雪的付出，已經超越了墊底的排名。

祕訣 012

「不要想著贏，要想不能輸！」

電影《KANO》裡的這一句slogan：「不要想著贏，要想不能輸！」我想可以作為孩子試著再度燃起學習動機的那股動力。

面對孩子的吊車尾，一起靜下心來和孩子思索陷在這困境的原因到底是什麼，把那關鍵的核心點找出來。請記得，**不是光用一句「不夠認真」來解釋孩子在成績上**

的一切。孩子需要和你重新界定眼前的目標：是贏？還是不能輸？

秘訣013

問心無愧

要讓孩子繼續在學習的跑道上，維持跨步向前，請試著讓孩子覺察自己在這些事情上的用心程度。至少，他是否能夠在心裡大聲地說著：「**在學業這件事情上，我已經盡了全力，縱使成績落後也問心無愧。**」

無愧，讓自己知道在這件事情上的付出。無愧，至少仍然存在關於學習的那一絲絲動力。無愧，雖然目標尚未達成，但至少我是往那個方向前去。

秘訣014

假想，超越，重新調整目標

在電影《KANO》裡有一句台詞：「怕輸，那就想辦法贏啊！」當孩子成績墊底，倒不表示他永遠都只能困在這個位置。想贏，那至少可以將目標重新調整。

這就像是在跑馬拉松一樣，你不需將對手設定成遙遙領先的肯亞選手。**但你至少可以先將離你最近的那一位選手，設定為假想對象。**嗯，沒錯。在那當下片刻，鎖定他，以超越他為當下目標。超越過一個是一個，成績往前挺一名是一名。

祕訣015
是不在乎，還是放棄？

面對孩子的成績墊底，你真的不在乎嗎？還是你與孩子皆選擇了放棄？

不在乎與放棄之間該如何拿捏？我想在這裡有一個非常關鍵的差別，在於孩子是否還存在著學習動機，一股至少在面對學校的課業時，仍然會繼續準備、勇敢面對的動力。

不在乎，很容易變成一種催眠自己放棄的思考之藥。不在乎，應該強調的是對於那個成績與分數的點，以及對結果的成敗順應自然，但是對於學習的過程與動機的維護，仍然是在意的。

一線之隔的放棄，可能就躲藏在彼此陰暗的心裡，讓人不自知，卻偷偷地腐蝕著孩子的學習動機。

是不在乎，還是放棄？別忘了隨時提醒自己。

秘訣016

你在意什麼？

這裡必須再次強調，學習動機這件事，並不是單純只在孩子的課業學習這件事情上。有些孩子在課業上表現得缺乏動機，但是在其他的音樂、舞蹈、繪畫等領域卻總是樂在其中。

當孩子成績吊車尾，或許你顯得不在乎，這時你是否會轉而在意孩子在其他領域的表現呢？

問題三
當孩子設定了不合理的目標

「數學95」、「英文95」、「國語95」……

一張張白色A4紙上，寫著這些紅色的斗大的字，貼在書房牆壁上。這是小澤給自己訂的目標。

從開學到現在，小澤每回小考的數學總在五十分至六十分之間擺盪。英文稍好一些，但還沒衝破六十五分。國語則最高曾考過七十二分，但數一數次數也不多，況且上回他個人最高的七十二分，卻是班上排名倒數第二。

雖然小澤的國、英、數的考試分數，距離九十五分真的有些遙遠，但小澤媽看得出來，這段時間孩子是來真的。

「嗯，有目標的確是很好的一件事。給自己設下九十五分的高標，也是……有志氣的事。」

媽媽知道自己轉得有些硬。因為對其他同學而言，九十五分或許是輕而易舉、探囊取物的事，但對於小澤來說，這似乎已不足以用「高標」來形容了。

「根本是一件天方夜譚，不太可能的事。」媽媽如此想著。

媽媽不想潑小澤冷水，但是看著兒子給自己設了這麼高的標準，無論怎麼助跑、怎麼跳、怎麼伸手都搆不到，實在於心不忍。

小澤媽覺得很兩難，她已經預見孩子因為屢次達不到這自訂的標準，而經常懊惱、發怒。

「我不要再念這些爛書，都給我閃開！為什麼我努力了這麼久，拚了這麼久，老天爺還對我這麼不公平，每次都讓同學嘲笑我？」

隨之而來的是書本摔到地板的砰砰砰聲響，讓小澤媽嚇了一大跳。

「小澤，你冷靜一點，事情沒你想的那麼嚴重。你先出來，媽媽好好和你說啊！媽媽知道你很用心，也很認真準備考試。你已經很努力了，雖然……」

「不要再說了！給我走開！走開！不要理我！」

媽媽的話還沒講完，只聽見房裡的小澤激動地叫嚷著。

「好好好，媽媽走開。但是，小澤，你這次就試著對自己好一點，可以嗎？」

「你給我走開！不要再說了！」小澤拉高了嗓門，房裡又傳來一陣陣摔書的聲響。

媽媽趕緊加快腳步離開，心裡嘀咕著：

「這孩子為什麼要如此折騰自己呢？我和他爸爸也沒給他訂什麼標準啊！」

她的心裡其實很矛盾。

「孩子在成績上積極，對於做父母的來說，當然是件求之不得的好事。但如果把成績設定到連用膝蓋想都知道達不到，這樣做真的有必要嗎？更何況，達不到，自己心裡又煩躁。只是這學習的目標到底該怎麼訂啊？難道孩子好不容易給自己訂了高標準，我們卻希望他降低標準？」

建立目標的祕訣指南

祕訣017

高標的訊息

當孩子對於分數太過於在意，多少也反映著孩子的目光大都聚焦在這分數的起落上。對於高目標的設定，看似熱血，看似充滿衝勁，但如果這過高的設定，對於達成或維持有著過於艱難的挑戰，對於孩子其實是一種壓力的負荷。

也許我們可以來思考：**為什麼孩子需要對於自己有如此的高標設定？**你可能表示父母並未對他有如此的要求，但或許該停下來思考一下，這當中所要傳達的訊息是什麼。

秘訣
018

分數的意義

分數對於每個孩子的意義不盡相同，但是你卻必須了解，對於自己的孩子來說，它所代表的意義到底是什麼。**如果孩子說不出，或許可以先談談你自己對於分數的看法。**試著從孩子的回應中，去了解他對於分數是否有著不合理的解釋，甚至於以偏概全地用分數把自己未來的人生覆蓋了；也就是說，當分數不理想時，他是否會有覺得自己的未來是一片黑暗之類的，如此消極的想法。

秘訣
019

別在分數上打轉

你平常是否有意無意地過度看待孩子的分數？這一點，我不盡清楚，但你自己卻要很明白。在彼此的親子對話中，是否總是聚焦在孩子的課業學習與表現上，不時在分數上打轉？而忽略了：**其實學習目標並不全然都只在課業成績這回事上。**

祕訣 020

目標與破關

為了讓孩子的學習動機能夠維繫前進的動能，初期的目標設定可以比照一般線上遊戲，前段關卡設定得寬鬆一些。例如：若孩子每回的數學小考總在五十分至六十分之間擺盪，那麼初期的分數，就先設定以突破六十分為原則。

將前段關卡以分段方式，設定在比較可以達成的目標，例如：以突破六十、六十五、七十、七十五分……以此類推。這種有成功希望，至少實際勝算率高些的設定，將有助於孩子後續的破關動力。

目標該如何拿捏，是否高估或低估，必須要考慮孩子實際的能力水準。這部分，建議在平時可先做好紀錄。例如：將孩子在數學上的大、小考成績都記錄下來，將分數連成線。如同觀察股價趨勢般，看這些分數的波段如何變化，同時找出符合孩子能力的範圍，作為關卡的設定。

必要時，視孩子的表現，進行分數的調整。

秘訣 021

浮動的分數

當然，對於分數的拿捏其實是很微妙的一件事。如果你發現孩子的平均實力是在八十五分左右，那麼當分數在七十五至九十五分之間游移，應該是很自然的一件事。讓孩子知道，分數的波動其實會隨著老師的出題難易度、自己的努力準備和理解專心程度，以及情緒與身體狀況，甚至於是否猜對題等運氣有著密切的關聯。

因此，分數在一定範圍內的移動、變化本來就是很自然的事。而你是否能夠以平常心回應孩子的表現，也決定著孩子會如何看待自己的表現。

孩子的學習目標到底該設在哪個界線，其實並沒有一定的譜。但或許你可以試著和孩子分享，在努力、盡力的前提下，給予孩子一個分數的餘裕。**讓孩子在合理範圍內，在分數的設定上，有個可以呼吸的空間。**

問題四
當孩子考試作弊

淑惠腰桿挺直著，戴著深度眼鏡的臉龐顯得有些僵硬。她目不轉睛地瞪視著在講台上，低著頭專注翻閱雜誌的監考老師。此時，教室裡不時傳來同學認真作答的唰唰聲。筆尖與試卷之間的摩擦碰觸，聽在淑惠的耳裡，像是引發她焦慮情緒的催化劑。

考試時間已經過了十五分鐘，淑惠時而捎捎劉海，時而眼神飄向窗外，時而手指頭有氣無力地翻摺著試卷的一角，當然，講台上監考老師的一舉一動，仍然在她審慎的觀察中。

漸漸明顯的焦慮，不時撩撥著她心裡那股不可告人的念頭。淑惠下意識地摸著外衣的口袋，裡頭那一張薄薄的紙條，似乎被燃燒的焦慮催化而鼓脹著。嗯，淑惠知道它一直存在。

教室裡，開始傳來有人收拾起筆套的聲音，也有人深深地呼了一口氣，像是在告訴著所有人：「耶！終於順利地作答完畢。」還有考卷不時被翻來覆去的聲音。當然，這時也已經傳來腳步聲，陸續有人繳卷了。

這些聲音愈來愈敏感，教室正前方牆上的時鐘，分針與秒針似乎也加速地愈走愈快。沒錯，淑惠已經可以感覺到她的心臟蹦蹦蹦地呼之欲出。喉頭上卡著一股熱氣，那重重的鏡框也不時被汗水推滑下來。

淑惠發現，拿著筆的右手似乎只是一個假動作，掩護著另一隻空著的左手，在關鍵時刻伸進衣服的口袋裡。這動作的畫面愈來愈強烈，而淑惠的思緒也開始陷入空白。接下來的事，似乎已經不是可以由自己來決定了。

「吳淑惠！」

監考老師突如其來的尖銳聲音，劃破了整間教室。

建立目標的祕訣指南

祕訣
022

處理孩子作弊前的思考

面對孩子的作弊行為，有幾項關鍵的議題會出現。一是目標，特別是孩子在當下可能無法達到的目標。一是達到這目標過程的適切性，以自己的實力或是取巧靠作弊取得分數。這當中也隱含著孩子面對獎勵與懲處的態度與取捨。同時，道德感、品格的發展及對於學習問題的解決之道，都是我們必須加以考量的事。

在處理的當下，不但要拿捏好讓孩子覺察自己的行為（你在做什麼？）、行為該承擔的後果與責任（你認為我應該怎麼做？你認為自己應該負什麼樣的代價？），同時，**也必須預防孩子可能因此崩盤的自我價值、自尊與自我意象。**

祕訣
023

作弊，是為了什麼？

傾聽孩子如何解釋自己的作弊行為。

或許你會聽到孩子告訴你：「我希望分數考好，考及格。」沒錯，照理說，作弊不應該有任何的理由、藉口存在，或對自己的行為給予合理化的解釋。但是，在孩子已經自我坦承作弊行為之後，或許從他的陳述中，可以試著進一步去探究這行為所要傳達的訊息。

作弊是要讓你注意？作弊是想要獲得肯定？作弊是希望取得獎勵、迴避被處罰？作弊是不是唯一能夠達到目標的方式？

秘訣024

孩子的自尊被摧毀？

在與孩子的對話中，你可能對於他的行為感到羞愧、生氣、懊惱、驚訝、困惑或疑慮。這些反應很自然，也容易讓人理解。**但請謹慎留意自己在對話中，所可能使用的負向字眼，不要讓孩子因為此事而全盤否定自己。**

「你怎麼這麼糟糕啊！」「你知不知恥？」「真的丟臉丟到家了！」「你這輩子完蛋了！」「我看你以後在班上的信用全破產，沒人會再相信你了。」「你怎麼像個賊一樣，連考試的分數都偷？」

沒錯，或許你認為孩子應該要知道考試作弊的嚴重性與代價。或許你認為投下這些具有警惕效果的震撼彈，才能讓孩子痛改前非，激起他的學習鬥志。但是不免令人擔心，孩子的自尊就此被你摧毀、消沉不起。

秘訣025

給孩子一條路

給孩子一條路，讓他有燃起學習動機的機會。上述這些指責、批評，以及班上的同學和老師可能對自己帶有異樣眼光與質疑的態度，都已經形成一道緊箍咒，重重地掐著孩子的思緒。

請給孩子一條路，和他一起解決眼前這道學習的困境，釐清可能存在的問題，再進一步尋求解決與配套措施。例如：

- 是擔心未達到父母、老師所設定的標準？
- 是希望以高分獲得同學的認同？老師的表揚與稱讚？還是迴避被處罰？
- 是眼前這些學習已經超出自己的能力所及？
- 對於所學的課程不感興趣？
- 還是考試作弊也沒什麼大不了，被逮到也不會怎樣？

當然，面對自我的欺騙，毋庸置疑是孩子必須調整與改變的。但關於孩子如何看待分數這件事，也將是很重要的關鍵。

祕訣026 剝洋蔥，與作弊對話

如何擺脫孩子的作弊行為，重燃起他的學習動機？或許，可以嘗試以剝洋蔥的對話方式，一起與孩子找到問題的癥結點。**透過一連串「為什麼」的問話方式，將作弊的表面原因，像剝洋蔥一般層層地褪去，最後直指作弊行為裡的最核心想法。**例如：

父母：「為什麼你要作弊？」

孩子：「我希望考試及格。」

父母：「考試及格對你是什麼意義？」

孩子：「至少回家不會被處罰。」

父母：「回家被處罰，你在意的是什麼？」

孩子：「回家被處罰，會讓你們感到生氣，我想你們會認為我很糟糕，或許會不再愛我。」

父母：「我們如果不愛你，會讓你聯想到什麼？」

孩子：「我會覺得自己是差勁的，是多餘的，在這個家裡，自己是可有可無的。」

父母：「所以你考試作弊是因為……？」

孩子：「我希望我不是那麼糟的孩子，我期待你們能夠接受我，愛我。」

以上的對話是一個例子。但從對話中，你可以慢慢找出分數對於孩子的意義，以及如果想要燃起孩子的學習動機，它的燃點又會是在哪裡？

祕訣 027 調整步伐，重新談判

面對孩子的作弊行為，父母在傷心、生氣、懊惱、不解之餘，**不妨把它當成親子之間可以重新敞開彼此，再次協調如何設定學習目標的機會**。倒不是你要妥協，屈服於孩子的作弊行為，但或許可以試著問孩子：「你認為我們大人應該怎麼做，你才會以自己的實力去考試？」

或許孩子會回應：「對於成績的要求標準是否能先降低？」「我想要補習或請家教，因為我的程度真的落後很多。」「如果真的沒考好，能不能不要開口劈頭就損我、罵我？」

作弊，沒有任何理由。但我們卻需要靜下心來想想，孩子作弊所存在的理由。無論是目標的調整、問題的解決，或我們對於成績的回應都是影響因素。

想讓作弊銷聲匿跡，親子彼此都需要重新調整學習的步伐。

學習動機第2招

妥善運用獎勵

非學不可之妥善運用獎勵

運用獎勵來提升學習動機，是許多父母經常使用的方式，但也常讓自己因此而陷入兩難的困境。「學習一定要獎勵嗎？」「難道沒有獎勵，就不學習了嗎？」「到底要給孩子怎樣的獎勵？」「獎勵到底要給多少？給多久？」「這樣是否會本末倒置，讓孩子只是為獎勵而學習？」「給或不給都頭痛！」這些是許多父母的疑惑與困擾。

獎勵，一般最常被運用於年幼的孩子身上，也是最見效果的階段。特別是當孩子學習一樣新事物或稍具困難的挑戰時，都可以見到獎勵帶來的威力。而對於經常處於無電力狀態的孩子，獎勵也能適時發揮應有的充電功能。但父母請提醒自己，這時透過獎勵所發展出來的學習動機，還是屬於外在動機。

當紅蘿蔔不見了，兔子就不跳了。要讓跳成為兔子自己最大的樂趣，甚至於最擅長的能力——這是運用獎勵作為外在誘因的一種過程。紅蘿蔔就如同獎勵，讓兔子初始願意賣力地跳。但跳著、跳著，盡情地跳著，兔子終究會發現跳躍是自己最擅長的一件事。有一天，沒有紅蘿蔔了，兔子仍然愛跳躍，並樂在其中。此刻，是最完美的狀態，讓人學習從外在動機跨入內在動機。

你可以把獎勵視為是一種媒介，這媒介的角色主要在於如何讓孩子從外在動機（因為想獲得獎勵或逃避處罰而學習），慢慢位移到內在動機（因為熱情、好奇心、興趣、自信心、參與力及好心情而學習）。但這位移需要一步一步來，若你急於跳脫學習與獎勵的關係，亟欲將獎勵抽離，並期待孩子瞬時發展出內在動機，在現實的執行上是有些困難的。但這是一個方向，一個往內在動機前進，可以努力的方向。

獎勵沒有好壞，重要的是如何妥善運用獎勵，讓獎勵扮演好它最大的角色，與發揮最大的價值。

提升孩子學習動機的第二個密碼，就從妥善運用獎勵進行。

問題五
當孩子愛談條件

「媽媽，我把功課寫完，你一定要帶我去7-ELEVEN買北海道霜淇淋。」小池邊寫作業，邊對媽媽說。

「拜託，寫個作業就要吃霜淇淋，哪有那麼好的事？更何況寫功課本來就是你的義務。」

「可是我很想吃，我同學都說那種霜淇淋的牛奶味道很濃。寫完帶我去買啦！拜託啦！我好想吃，吃一次就好了。你答應我，這次我作業會寫得快一點，真的。而且我會自己檢查看看有沒有錯，不需要你更正，好不好啦？」

「你這孩子真是的，哪有每次寫作業都在談條件的。上個禮拜才要求我，等你寫完帶你去全家買東西，說要集點，要收集那個醜比頭小植栽。前天也被你帶去花了七十幾元胡亂買了些餅乾、零食和飲料。這回再跟我吵什麼7-ELEVEN，那下次是不是要換OK或萊爾富？你以為我們家是便利商店的股東哦！」

「可是這次十勝產牛奶霜淇淋聽說真的很好吃耶。拜託啦！寫完帶我去買，好不好？而且這次比較省，一支才三十五元而已，我不集點數。」小池不死心地繼續索求著。

「你這孩子也真是的，吵吵吵，你看已經浪費了多少時間。再不動手寫，我看你的霜淇淋就要融化了。」

「所以，媽媽你是答應囉！那我寫完，你一定要帶我去7-ELEVEN，你也可以吃吃看喲。」

「小池，你……」媽媽有些無言。為什麼孩子的學習動機，都要看這些集點、公仔和霜淇淋等獎勵才會啟動？「沒有獎勵，難道就不學習了嗎？」小池媽望著有所求才專心寫作業的孩子，內心很是困擾。

妥善運用獎勵的祕訣指南

祕訣028 學習一定要給獎勵嗎？

獎勵的給予，其實並不是二分法的給或不給。我們可以思考，在孩子現階段處在沒有動機的情況下，或許可以試著將「紅蘿蔔」擺出來，多一些誘因，至少可以讓孩子多一些外在動機。

並非每個孩子都清楚自己與學習的關係，也不一定能夠很快找出學習對於自己的意義。有時，孩子對於眼前的事物（例如讀書），本身是否存在著能力、熱情、好奇或興趣，也會決定獎勵在這當中的關鍵性。

讀書很重要?!關於「讀書」這件事，我想在父母的心中會是驚嘆號；但是在孩子的想法中，可能總是存在著問號。

當孩子對於學習沒有興趣，或者眼前這件事情超出了孩子的能力，在初期給予獎勵，或許有助於讓孩子啟動跳躍的動力。

當孩子願意跳躍了，願意接觸了，也許就有機會在學習過程中，慢慢感受獎勵以外的內在動力。

祕訣 029

獎勵不能只是唯一目的

運用外在獎勵時，請隨時提醒自己，除了獎勵之外，孩子對於所學習的事物，是否同時具備了熱情、好奇心、興趣、自信心、參與力與好心情。

也就是說，外在獎勵的給予目的，最後都在於希望延伸至上述這些關鍵的燃料。讓孩子發現這些燃料，創造這些燃料，將學習動機從外往內跨越，成為自己真正的動力。

獎勵僅僅是一種過程，透過外在的獎勵讓原本不具備動機的孩子，逐漸地因為這根「紅蘿蔔」而可以啟動自己的腳、自己的腿，開始有點勁，奮力跳向前。因此，**誘因仍然有它的作用，只是得好好地使用，千萬別本末倒置讓孩子最後只因為獎勵才學習**。也就是說，獎勵上台的那一天，心裡就要有一種下台的期待。漸進式地將獎勵退掉，慢慢轉為發展孩子的熱情、好奇心、興趣等內在動機。

祕訣 030

突如其來的獎勵

毫無預期的狀況總是會給人帶來驚喜，而這一股突如其來的驚喜，往往也成為孩子選擇繼續做下去的動力。由於沒有預期，所以孩子也不知道這一回到底有，還是沒有。

這種突如其來的獎勵，一定是出現在孩子主動有了好的表現，或依規定完成了某些事情時，才會突然出現。因此，**時間點的掌握是非常關鍵的一件事。**

例如：當你發現孩子自發性地完成了今天的作業，仔細地檢查了兩遍，確認無誤，並主動拿起聯絡簿請你簽名。這時，你可以具體回饋他的表現，愈清楚愈好。

「小池，媽媽發現你今天很主動、專心地寫作業，並很負責地自我檢查和修改後讓媽媽簽名。」語言的正向回饋說完後，你也可以突如其來地給他一個擁抱（如果你孩子在意的是社會性的獎勵），或送給他這陣子一直很想要的某樣東西，雖然在此之前你沒有跟他提過這件事。

突如其來的威力，能夠讓獎勵的作用迅速加碼、升等，但請妥善使用。

秘訣031

任選兩件自由配，獎勵多變化

如果你經常流連購物網站或大賣場，常常可以看見店家「任選兩件七五折」、「任選兩件九十九元」等促銷方式。為了讓獎勵對孩子產生誘因，讓獎勵方式多一點選擇的變化，是一個可以嘗試的方式。

因為搭配，所以有不同的組合呈現。因為任選，新奇的組合也讓孩子多了一項

完成的外在動力。

例如：你可以先開出獎勵清單，當中提供獎勵選項，像是吃鬆餅、公園散步、iPhone上網看地圖、中庭玩耍或玩「妙語說書人」桌遊等。當孩子完成預定的作業後，他可以從中搭配選擇兩項獎勵。例如：你的孩子可能選擇吃鬆餅搭配玩「妙語說書人」桌遊，或選吃鬆餅配iPhone上網看地圖等獎勵回饋。

祕訣032 棉花糖的啟示：滿足感的延宕

在經典的棉花糖實驗裡，當一群學齡前幼兒分別進入了實驗室後，每個人的桌上都有一塊棉花糖。研究人員告訴孩子，如果他沒有先吃棉花糖，而能夠等待研究人員回來，將會再多給他一塊棉花糖作為獎勵。

這個實驗以棉花糖作為獎勵的誘因，藉由二選一的方式，觀察及訓練孩子延宕滿足感的能力。

以此類推，關於學習的獎勵運用，你也可以此方式進行。例如這麼說：

「孩子，如果你現在急著看電視，那麼只能看五分鐘。如果寫完功課再看，媽媽給你二十分鐘。」

讓孩子在二選一的情況下，自己衡量是否為了多一些的獎勵，而延宕自己當下的欲望，把該完成的功課先做完。

等待，讓滿足感延宕。孩子的情緒控制又往前推了一步。

問題六
當孩子要求先玩，才寫作業

「我要先玩電腦，再寫作業。」小烈一邊輸入線上遊戲的密碼，一邊頭也不抬地對媽媽說。

小烈媽有些無力地回答：「你給我先寫作業再說，哪有先玩電腦這回事。」

「拜託，我才剛放學回來耶，頭昏腦脹的，怎麼寫？要先放鬆啦！我要先玩一下電腦再寫。」

「你這個小孩怎麼那麼盧？我說了，先寫再玩。」

「先玩，再寫。」小烈把語氣加重，停頓了一下，堅定地說。

「你……這小孩真的是無理取鬧耶！等爸爸回來，我看你寫不寫？」

「先玩，再寫。」這時，小烈的右手已充分發揮他該有的手感，俐落地掌握著手中的滑鼠。

「聽好喔，這回是我讓你，下一次我可不管你，一定要給我先寫完作業才能玩電腦。」

「拜託，寫功課的人可是我耶，又不是你。真是有夠愛囉嗦的，玩個電腦也在那邊叫叫叫。」小烈繼續奮力破關中。

「ㄟ？你有沒有搞錯？誰說寫功課前一定要玩電腦的？我是體諒你，讓你先休息，給你補充一些電力，你可不要理所當然地認為玩電腦是應該的。」

這回，小烈媽試著將語氣加重，想把話說得更堅決一些，但她也知道電腦就像是孩子的「充電器」，若沒讓他先玩，他似乎動不了。但是真的讓他玩下去了，又變得收不了。

「先玩電腦再寫作業，這樣好嗎？總覺得哪裡怪怪的。」小烈媽心裡困惑著。

妥善運用獎勵的祕訣指南

- 祕訣033　先給或後給
- 祕訣034　沒寫完，什麼都不必說
- 祕訣035　主場優勢，誰勝出？
- 祕訣036　3C的致命吸引力
- 祕訣037　沒有3C的日子
- 祕訣038　獎勵，請轉彎
- 祕訣039　獎勵，功成身退

祕訣033 先給或後給

先給或後給？這個順序的差別，主要在於如何影響孩子看待學習或作業的態度。**當孩子把學習或作業當成是自己的責任，這時有沒有給他玩電腦的獎勵就不一定是必要的事。**因為沒有電腦，他還是必須要完成。

但是，如果先有電腦才要寫，或是甚至出現類似勒索式的對話：「你不給我玩，我就不要寫。」這時就已經是本末倒置了。學習或寫作業對孩子來說，已經變成是可有可無的一件事。

當上述這種「先玩，再寫」的順序，一次又一次地不斷運轉，將讓人擔憂孩子對於自己責任的認定。

祕訣034

沒寫完，什麼都不必說

對於孩子要求「先玩再寫」，這種本末倒置的態度，你的反應將非常關鍵。請冷靜，先不要被孩子的不合理訴求帶著走，先別和他爭辯，甚至連此刻的說理都建議暫時停止。（強烈建議別在孩子情緒的當下，和他講道理。愈說，他愈聽不進去。愈說，彼此的情緒愈翻騰。）

請試著將你的說話語氣調整至沉穩頻道，眼神專注地看著孩子。這時，需要你

不疾不徐地清楚說明你的立場：「沒寫完，什麼都不必說。」請記得，說話的語調往下壓，不要激動上揚，否則激動的情緒會露餡，只會讓孩子看見你受到他的影響，而更堅持他的意見。

祕訣 035

主場優勢，誰勝出？

當然，孩子也不是省油的燈，畢竟他和你的交手也不是一兩回。更何況，可以預期在先前他大概都取得主場優勢。你需要有心理準備，孩子會持續維持他那自以為是的態度，這一句經典的「先玩，再寫」可能會從他的口中再次說出。

請沉住氣，繼續維持你溫柔堅定的語氣。還是那一句話：「沒寫完，什麼都不必說。」請告訴自己，你現在捍衛的是——孩子必須對於自身責任的負責（例如做該做的事，特別是在他能力範圍內的事）。**千萬別動搖，孩子會一次一次地試探你，踩你的底線，直到你妥協**。但如果你持續認為寫作業是孩子該有的責任，那麼請繼續堅持下去。這一局，誰勝出？還在未定之天。

祕訣036

3C的致命吸引力

該不該以3C產品作為孩子的學習誘因，我想，先不把答案二分成「Yes」或「No」。其實每個事物都有它存在的價值，差別就在於我們如何去運用它。我們可以思考的是，為什麼3C產品能夠帶來如此具有爆炸性的獎勵作用？請腦力激盪一下它所帶來的魅力有哪些。例如：

- 好玩。
- 刺激。
- 新奇。
- 有趣。
- 挑戰。
- 過關。
- 立即回饋。
- 成就感。
- 連線互動，滿足人際。

●不時更新，滿足好奇。

關鍵就在這裡。這也是3C產品或電玩遊戲所要傳達的正向訊息。

我們是否可以張開雙臂，擁抱這些正向能量的刺激呢？是否可以將這些關鍵元素一一加入到孩子的學習內容裡呢？當然，這需要你我動一些巧思。

例如：如何讓寫作業這件事變得好玩？（謎之音：寫功課會好玩？才怪！）假如把一題、一題計算題設想成是在打怪、練功呢？把每道題目重新看待成線上遊戲中的各種怪物，發揮自己的運算功力，一一破解呢？

別輕忽孩子的想像力，如果你願意和他一起加入想像，好玩與樂趣就會浮現。

你甚至於可以列出一張水位表，每天把孩子所完成的題數累加在表上，就像水位的變化，讓孩子可以清楚地掌握自己的學習狀況。

祕訣037

沒有3C的日子

想想看，假如把家中的3C產品暫時撤離孩子的視線範圍，和他的生活先劃出界線，這時他的反應會是什麼？我想你可能會經驗到他的生氣、憤怒、焦慮、浮躁、無聊、煩悶等情緒。這些反應在初期相當自然，但接下來我想問的是，在沒有3C產品的日子裡，他們除了被要求的讀書、寫作業和考試外，接下來會做什麼？

這是一個相當嚴肅的問題。**如果孩子沒有了3C產品就不知道該做什麼，這將是一個極大的警訊，要注意孩子是否不知道該如何安排生活、過日子。**

或許你很幸運，也鬆了一口氣，在沒有3C產品的日子，孩子還是會自己找到娛樂來滿足。但如果沒這麼幸運，或許該重新思考獎勵與3C之間的關係了。

祕訣038 獎勵，請轉彎

如果你發現孩子不斷以電腦作為寫作業的籌碼，這時你必須提醒自己，在玩電腦這件事情上應該讓孩子適可而止了。

如同小烈媽所說的：「我是體諒你，讓你休息，給你充一些電力。」這時，玩電腦就不該是唯一的選項。雖然你知道孩子非常期待玩電腦，但關鍵也在這裡。孩子對於玩電腦這件事太過於專注了。**應該將休息的方式放寬一些，選擇其他的放鬆方式來取代。這些選項沒有一定的答案，但均衡一下會比較適當。**例如：

●騎腳踏車。享受微風吹拂，踩踏之間所帶來的奔馳感。
●玩樂高積木。讓想像恣意揮灑，堆疊出心中的美麗建築。
●塗鴉彩繪。繽紛色彩熱烈揮灑在紙上、牆上，讓創意無限延伸。
●手足間的嬉戲。好玩，讓彼此盡情樂在其中的互動遊戲。
●散步。在步伐中，慢慢調整自己的節奏與呼吸，讓心情舒緩。
●打球。享受揮棒、丟接、投籃、躲避或踢進那瞬間的快感，與過程中的樂趣。
●聆聽音樂。讓曼妙的音樂流瀉，讓輕盈的節奏在耳際環繞。
●閉目養神。學習貓的慵懶與優雅，以自己最舒服的姿態，感受那股「靜」。
●泡澡。如同阿基米德般，在浴盆洗澡時，專注於水的流出。他思考，你放鬆。
●律動。擺擺頭、扭扭腰，讓全身細胞動一動。
●樂器彈奏。透過指尖，讓不同的音符或熱情，溫柔地排列組合。
●嗅聞花的香味。讓迷迭香、玫瑰舒緩壓力，讓薰衣草緩和焦慮，讓茉莉香放鬆心情。

請記得，放鬆均衡是首選。

祕訣 039

獎勵，功成身退

「To be, or not to be, that is the question.」

你可能存在著這樣的疑慮，也讓你處於兩難：獎勵，到底給或不給？

如同前面提到的，對於年紀較小的孩子來說，獎勵對於提升他的外在動機是有其作用的。但是必須提醒你的是，**獎勵扮演的是開路先鋒的角色，隨著孩子的成長，要慢慢地逐漸退去或減弱其作用。**要從物質滿足、權利使用（例如玩電腦、看電視、使用３Ｃ產品等），轉移到社會性的獎勵（例如微笑、眼神接觸、言語鼓勵、擁抱等），再將外在動機慢慢位移到孩子的內在動機上。

妥善運用獎勵，它會功成身退。提醒你，在運用獎勵作為催化孩子學習動機的燃料時，不可不慎。請記得，獎勵不是不能用，而是必須謹慎使用。

問題七
當獎勵沒作用

「東哲真是的，我這個做媽的已經把籌碼拉到頂了，他竟然還是給我無動於衷，不為所動。書桌上，一本本買給他的《進擊的巨人》都給我翻爛了。但是，功課哩？連看都不給我看，成績哪會變好？」東哲媽邊收著桌上的漫畫，邊抱怨著。出了房間，她繼續跟丈夫抱怨。

「不是說孩子的學習需要給獎勵嗎？沒錯啦！小時候連哄帶騙的獎勵也得過且過了，但是這孩子上了國中之後，真的給我變精了。胃口變得愈來愈大，一下子要求線上遊戲時間要多兩個小時，一下子又說這個週末點數卡要加碼儲值。拜託，我可都是要五毛，給一塊耶。連雷神巧克力都買了，書還是沒有念，你說奇怪不奇怪？」

「這小子的胃口真是被你這個做媽的養壞了。想當年，不讀書？棍子早就揮下去了。還在線上、點數和《進擊的巨人》。」東哲爸回應。

「你只會出一張嘴。打有用嗎？連獎勵都使不上力了，還打咧。」

「這就叫做敬酒不吃，吃罰酒。」東哲爸語氣高昂地說著。

「你不要在那邊耍嘴皮子。只是我一直很困擾，為什麼有的孩子可以自動自發地讀書、考試、做功課，都不用人催？好啦，就算別人家父母也像我們給獎勵，但是為什麼我們家東哲現在給了也沒反應？難道一定要讓他予取予求嗎？可是看他好像什麼也不缺的樣子，真是急死人了。」

「哎呀！這小子就是缺了學習的主動性啦！講白話一點，就是沒動機。」東哲爸一副料事如神的模樣。

「所以呢？就繼續讓他沒動機？還是繼續把獎勵加碼？你這孩子的爸倒也說說看啊！」東哲媽感到煩惱不已。

妥善運用獎勵的祕訣指南

祕訣040　雷神的魔力？
祕訣041　動機總是會找到出路
祕訣042　獎勵的珍惜與理所當然
祕訣043　獎勵服用過量，有害健康
祕訣044　獎勵的退場措施
祕訣045　當孩子的胃口愈來愈大

祕訣040

雷神的魔力？

試著這樣想像：你以這陣子最夯的雷神巧克力作為孩子的學習獎勵。在嗜吃甜食的孩子口中，第一條的濃郁香醇可能帶來最強烈的獎勵作用。但是，再請你繼續想像當雷神一條、一條、一條地送進孩子的口中。時間久了，先不談新聞裡曾提及「每天吃雷神巧克力！學童皮膚過敏」的標題。當獎勵過了頭，就如同巧克力吃多了，孩子終究會出現反胃的情況。物極必反，不可不慎。

獎勵的給予方式，**無論是時間點的選擇、給予的頻率、次數、內容，以及如何獲得這些獎勵等細節，都會影響到獎勵所存在的作用。**

以寫完作業，得到雷神巧克力為例（前提當然是雷神巧克力對於孩子有一定程度的吸引力）。先前如果寫完數學作業就可以獲得一條雷神巧克力，且這樣的模式也持續維持了一段時間，例如一週、兩週。接著，你需要開始調整給予的分量和週期：一種是維持寫完數學作業，但這回只能得到三分之一的雷神巧克力；另一種做法是連續三天寫完數學作業，才能獲得原先的一條雷神巧克力。以此類推，再逐漸拉大獲得雷神巧克力所需要付出的心力（雖然寫作業本來就是孩子該做的事）。

請記得一件事：太容易得到的東西，孩子大都不珍惜，對於雷神也是如此。或許哪一天又出現雨神巧克力、風神巧克力，這時雷神大概也被取代了。

秘訣041

動機總是會找到出路

「生命總是會找到出路。」（Life finds a way.）這是電影《侏羅紀公園》裡的一句經典台詞。我想，學習動機也會有它的出路。

這裡所指的「出路」，不是要你繼續尋找另外的獎勵替代品。許多父母老是為了思索到底要拿什麼東西給孩子當獎勵而傷透腦筋。無論是《進擊的巨人》漫畫、線上遊戲時間、點數卡加碼儲值或雷神巧克力，更何況現在獎勵已經發揮不了作用了。

出路，我想可以、也應該開始往孩子的內在動機去探索。

- 找找孩子在什麼事物上充滿熱情？
- 看看什麼事物會引起孩子的好奇？
- 想想孩子主動趨近的興趣會是什麼？
- 看看孩子在什麼事物上會感到有能力的感覺，而充滿自信？
- 想想孩子積極參與及維持好心情的活動又會是什麼？

學習動機的出路會是在這裡。

當獎勵的作用即將告別、慢慢隱身幕後，或降低影響力時，也該是從外在動機轉到內在動機的關鍵時刻了。

祕訣 042

獎勵的珍惜與理所當然

再回到「獎勵失去作用」這件事，對於在日常生活中總是被物質填滿的孩子來說，唾手可得的物質獎勵，實在也不需要特別費力氣去追求。太容易得到的東西總是不容易讓孩子珍惜。獎勵與物質，最怕的就是最後落到理所當然、可有可無的地步。這時，動機早就不知道消失在何處了。

重新調整你與孩子在物質、獎勵及學習這當中的關聯。**別讓「理所當然」的想法將學習動機淹沒了。**

祕訣 043

獎勵服用過量，有害健康

對於學習動機低落的孩子來說，獎勵的使用有它的作用，也有它的必要性。有些孩子需要先透過給他外在獎勵的方式，讓他先獲得成功的甜蜜滋味，慢慢品嘗與回味後，至少會多了願意嘗試的動機。

初期，孩子或許是因為有眼前這誘因才讓自己的學習動起來。可是如果一味地使用獎勵作為學習的誘因，你將發現它的作用會漸漸遞減。特別是在父母所在意的功課方面，更要謹慎使用。避免讓孩子本末倒置，變成有獎勵才要學習。

當學習透過獎勵啟動了外在動機，你可以同步進行內在動機的練習。

祕訣 044

獎勵的退場措施

獎勵為什麼需要退場？這理由主要在於引導孩子慢慢練習往內看。看見自己的熱情、好奇心、興趣、自信心等。當孩子的學習動力慢慢轉換到這些屬於內在的關鍵元素，內在動機也應運而生了。

在獎勵的退場做法上，並非採取立即性的全有全無，而是漸進式地，不斷微調、修正。當獎勵退多了，孩子動機又降低了的時候，獎勵可以暫時又浮現，但內容的強度可以比先前再低一些、少一些。或者若孩子要得到原先的獎勵，現在的要求或所需要的表現也相對地要比以前高一些。

祕訣
045

當孩子的胃口愈來愈大

如果你已經開始面對孩子的胃口愈來愈大這項難題時，多少是有些訊息已經在暗示你，獎勵該慢慢退場了。你可能會瞪大眼睛疑惑著問：「怎麼可能退？孩子現在變得獅子大開口，怎麼可能反而減少獎勵？」

為什麼這時你得守住底線？因為孩子已經把他原本應該負的責任，例如：寫作業、考試、看書、做家事等看待成可有可無的事情，有獎賞才做，沒獎賞，免談。這時，學習動機已經變成很依賴外在控制的情況。為了避免獎勵給予失控，讓自己陷入無底洞（孩子使出無盡的要求），這時，你可以試著「打掉重練」，讓獎勵從頭開始。

問題八
當孩子對責罵沒反應

「哪一天我真的忍不住了，家裡的那根棍子會不會揮下去，我都沒有把握。」小律媽心灰意冷地訴苦著。「每天看他一副無所事事的樣子，像遊魂似的在房間、客廳和廁所這三點晃來晃去。書也不念，作業也有一頓沒一頓，課也愛上不上。他老爸三天兩頭就從深圳用LINE遙控，用字遣詞刀刀見血又犀利，語帶恐嚇地連我這做媽的都不忍看下去。但是，有用嗎？還是沒輒。」

「大姊，現在的孩子真的罵不得了，更何況小律現在都已經是高二的年紀，哪裡受得了姊夫那樣說他，不反彈才怪。更何況學習這件事，時代不同了。用逼的、採威嚇的，青春期的孩子可不吃這一套。更何況說打孩子？現在做父母的不要被孩子打，就阿彌陀佛了。你就多獎勵他嘛，大姊。就像臉書一樣，不是很多人都期待對方給自己按讚嗎？孩子的學習也是一樣的心態啦！」小律媽的妹妹提供建議。

「小妹，我哪裡沒有獎勵小律啊？但是這招在小學還有用，到了國中之後，早就發揮不了任何作用。才會讓我這個平時自認優雅的老姊，這些年開始破壞形象，對他嘮嘮叨叨起來，想說罵一罵看有沒有作用。但結果還不是這樣？真的讓我不知道該如何是好？」小律媽有些束手無策。她一直想著在獎勵與責罵之間，自己還可以做什麼？

妥善運用獎勵的祕訣指南

祕訣046 學習力，不會因為責罵而提升

祕訣047 到底哪裡出了問題？

祕訣048 學不會，不等於不認真

祕訣049 學習的蘇花公路

祕訣050 找到孩子的彈跳點

祕訣 046

學習力，不會因為責罵而提升

我常常在想，為什麼大人罵一罵，孩子就會主動學？除非是在面對眼前要學習的事物，這孩子本來就具備著基本的能力。激將法對有些孩子有用，或許能讓他們為了逃避責罵，乾脆選擇學習。

但是，當孩子所面對的已超出了他所能負荷的，**愈罵只會讓孩子愈感到挫折，學習動機愈低落。**甚至變得「一皮天下無難事」，對責罵沒有感覺。

如果你期待孩子能夠燃起自己的學習動機，發自內心產生一種朝向目標的續航能力，那麼是否還要以「罵」來作為學習的動力，可能就要三思了。

祕訣 047

到底哪裡出了問題？

面對孩子如遊魂般，對於學習「絕緣」，沒有反應，**與其費盡力氣責罵，倒不如思考問題到底出在哪裡？**就以課業學習為例，是否孩子：

- 底子沒打好？
- 程度落差太大？

- 志不在此？所修習的學科沒有興趣？
- 心不在此？孩子的專注力不在這裡？
- 投入的時間與心力是花費在什麼地方？
- 覺得無助？自覺反正再怎麼努力也不過如此？
- 挫折？讀書愈讀愈挫折，面對功課只會突顯自己的低自尊，索性避而不見？

你需要找出理由，再試著一一化解。責罵只會讓彼此更看不見事物的癥結所在，對於問題的解決並沒有幫助。

祕訣
048

學不會，不等於不認真

面對孩子在學習上的消極，**請先避免直覺地以「不認真」、「不用功」、「不努力」來貼標籤，下定論。**武斷的一句「不認真」、「不用功」、「不努力」，很容易就此斬斷與孩子之間的溝通與了解，或換來孩子消極地自我看待：「反正我就是不認真，又怎樣？」

有時，學不會這件事，對於孩子本身來說也不是一件舒服的事。我想，孩子也苦於想要解決。只是當你採取責罵攻勢，那麼他很本能的防守，或言語、態度不友善的反攻，可能也令你招架不住。這樣的親子衝突，對於提升學習動機毫無幫助，甚至於會帶來令孩子消極反抗、不願意學習的反效果。

祕訣049

學習的蘇花公路

先接納眼前這孩子的表現，當然，不是只要你接受孩子的現況而妥協。**接納，會讓自己多了一份心情，想要試著了解是什麼樣的原由讓孩子的學習走到目前這條道路上**，眼看前方道路持續有落石，交通暫時受阻。

這時，孩子就像一輛車子般，必須暫時停靠在緊急停車空間。這副景象，就像當蘇花公路一百四十二公里處有持續落石，南下車輛請先暫時停靠葉家香停車場，北上車輛請在谷風管制站、漢本車站等處停靠一樣。在這段等待期間，親子須共同思考落石如何被清理，讓「學習」這輛車繼續開在蘇花公路上，往目的地前進。

祕訣
050

找到孩子的彈跳點

當你發現孩子在課業表現上不盡如人意時，**或許是該轉個彎、換條巷弄，讓孩子有機會在別處表現，找到自己彈跳動力的時候了。**

例如：孩子在選讀的電子、機械等科別的表現不符你的預期，同時你也看見他在這些領域上總是顯得消極。然而，在不遠處卻閃著亮點，在召喚著孩子的熱情，也許是烘焙技術，也許是美工設計，也許是應用外語。你是否願意讓孩子往這亮點前進，讓他在這亮點上，展現出他可以彈跳的動力？

有時，「不執著」，在學習這條路途上，親子都會比較好過。畢竟人生並沒有一定非怎樣過不可。

學習動機第3招

發現熱情

非學不可之發現熱情

熱情可以說是學習動機的神奇配方之一。這配方充滿著正向的情感能量，也許是歡樂、愉悅、開朗、興奮的組合。同時，讓孩子主動地接近、興趣盎然地投入眼前的事物，渴望去探究當中的真，找到自己與這些事物之間的關聯、意義，甚至於創造出價值。

想像一群參加馬拉松賽的選手，無論是半馬，還是全馬。在起跑線上，大家屏氣凝神地專注於前方，也許是21.0975km或42.195km遠終點線，當然也可能是存在於內心的那條自我挑戰的抵達線。

當鳴槍那一剎那，所有選手跨步向前。這時，你可以想像是一種怎樣的熱情在這些選手身上燃燒，使他們能跨越在路跑過程中，身體的疲累與心理上的負擔，而樂此不疲。

你是否也曾經在生活中對某件事物注滿了熱情，或在你欣賞的人物上，遇見這份熱情在燃燒？而當面對學習時，很重要的一點是，孩子最熱烈的情緒在哪裡？孩子是否有著「我是魯夫，我要成為海賊王」般的那股熱情？

在學習的過程中，孩子提不起勁，總讓你著急如熱鍋上的螞蟻。同樣地，孩子對於讀書不在乎，也讓你苦惱於分辨他到底是不在意，還是選擇了自我放棄。沒有了獎勵的加持，學習是否能夠延續？如何發現或創造出屬於孩子的那股熱情？這是親子之間必須共同面對的課題。

提升孩子學習動機的第三個密碼，就從發現及創造熱情繼續往前走。

問題九
當孩子提不起勁

「哎呀，孩子的爹啊，阿茂到底是怎麼一回事，每天看起來失魂落魄的模樣。拜託，十六歲的孩子不是青春正熱嗎？怎麼看起來像是被雨淋了一整天的木炭，燒都燒不起來？好吧！就先不談讀書，至少做做其他的事也行吧？每次一到放假日就足不出戶，連開機上網的動力都沒有。整天在家裡拖著藍白拖走來又走去，我看了都心急。」

阿茂媽有些無奈地向不停切換著遙控器，不斷轉台的先生抱怨著。

「我就說嘛，阿茂這孩子什麼不學，就是學你！老爸沒熱情，兒子當然也是一個樣。真不知道該怎麼說你們這對父子。你這個做爹的，也學學人家宜蘭人的有勁，行不行？整天只會在那邊轉台，我看你再轉，孩子的動機也被你轉到沒電了。」

「拜託，你兒子在那邊晃，跟我這個做爹的在這裡看電視有什麼關係？扯太遠了吧！」阿茂爸回應。只見阿茂媽下巴略微上揚，臉頰鼓脹著，瞪視著眼前的先生。

對於阿茂媽來說，一個人如果沒有勁，就像失了魂一般。這也是為什麼她每回瞧見孩子提不起勁的那模樣，就開始煩惱、焦慮起來。她知道孩子的學習動機很低落，從阿茂的日常生活中就可以嗅得出來。

「這孩子一定缺少了某樣東西。」

只是，她一時無法說出那東西到底是什麼？

「是幹勁？還是……」

阿茂爸繼續轉著他的遙控器，而阿茂媽則苦思著那個若隱若現的字眼。

「熱情……對，熱情。阿茂缺少的就是那股熱情！」阿茂媽在心裡驚呼著。

發現熱情的祕訣指南

祕訣051 動手做的能量感
祕訣052 出乎意料的深度思考
祕訣053 自我提問
祕訣054 找到想學好的那件事
祕訣055 為何意興闌珊？
祕訣056 渴望的泉源
祕訣057 逆轉勝
祕訣058 向熱情靠近
祕訣059 活力充沛的瞬間

祕訣
051

動手做的能量感

要儲備孩子的熱情，需要一些能量的累積。而這些能量的產生與被製造，我想透過孩子動手實作，運用視覺、聽覺、觸覺、嗅覺、味覺等五感的交織合作，可以讓他從中去感受到那股「有能力」的感覺。

這種感覺很踏實，很深刻，讓孩子回想起來，心總是可以暖呼呼的。放手，你可以讓孩子有機會蓄積這些「有能感」，熱情也將呼之欲出。

例如：讓孩子自己動手做鬆餅。準備好鬆餅粉、鮮奶和雞蛋之後，讓孩子參與，先從打蛋開始，加上鮮奶均勻攪拌，再倒入鬆餅粉，繼續均勻攪拌後，倒入加了些油的平底鍋，開小火加熱。翻面，起鍋。

你會發現孩子品嘗自己動手做的鬆餅時，入口的味道將更甜美，令人回味。因為自己的參與，也喚起了實作的熱情能量。而如果孩子是為家人或朋友做鬆餅，則可以培養他像媽媽般的體貼（了解對方的口味與喜好，以客為尊地為對方設想）。

你的孩子對學習提不起勁？那麼，請開始找出讓他動手做的任務。**視其所好，先縮小範圍，讓孩子選擇**。有時太大的範圍，反而讓提不起勁的孩子無所適從。例如：假如你覺得他的手藝還不錯，不妨讓他在動手包水餃、下水餃、煮水餃與動手煎蛋餅之間，強迫二選一。

動手，讓孩子品嘗創作的過程。無論水餃還是蛋餅，小小的事物也是一種美好，同時能夠讓他感受到當中的那股熱烈情緒。

祕訣 052

出乎意料的深度思考

你是否曾經在看過電影之後，發現結局出乎你的意料而大呼過癮？有時，在燃起孩子對於事物的熱情上，也可以參照這種做法。選一部你與孩子喜好或熟悉的電影（請考慮孩子的觀影年齡，例如普遍級、保護級、輔導級或限制級），對於劇中出乎意料的結局，讓親子彼此分享、討論，進行深度思考。**讓孩子有機會從中去發掘樂趣，而熱情的燃點也深藏在這裡。**這些電影例如：

- 《鬥陣俱樂部》（Fight Club）
- 《蝴蝶效應》（The Butterfly Effect）
- 《記憶拼圖》（Memento）

- 《驚魂記》（Psycho）
- 《靈異第六感》（The Sixth Sense）

由於每個家庭欣賞的影片與類型不盡相同，不妨試著開啟自己與孩子的影迷之路。其實，當沉浸在「第八藝術」的電影之中時，也是熱情的一種呈現呢！

去挖個寶，在大銀幕、MOD或DVD的電影中，一起去尋找那「出乎意料」的樂趣。

祕訣053 自我提問

我曾經在《張老師月刊》寫了一年的「校園電影院」專欄，當時，每個月透過一部電影的介紹及自我提問，讓讀者可以從中作為親子或師生溝通的對話與思考。從這樣的自我提問書寫中，讓自己在這十二部電影裡，深刻感到那股觀看電影的熱情。

這十二部電影分別為：

- 《借物少女艾莉緹》
- 《阿蒙正傳》（Simple Simon）

- 《更好的世界》（In a Better World）
- 《翻滾吧！阿信》
- 《陣頭》
- 《王者之聲：宣戰時刻》（The King's Speech）
- 《寶米恰恰》
- 《永遠在一起》（Ways to Live Forever）
- 《藍色夢奇地》（The Blue Tiger）
- 《史丹利的便當盒》（Stanley's Tiffin Box）
- 《愛的麵包魂》
- 《昨日的記憶》

例如在電影《昨日的記憶》中，讓我們看見當身旁的長者面對無情、殘酷的記憶剝落，「記憶」是如何在一個人的生命過程中發酵。在這自我提問中，我試著拋出了「抹掉的人生」這問題：

「當大部分的記憶不存在了，在記憶體中被抹去了，那我還是原來的我嗎？讓孩子想想，當人失去記憶，如同被橡皮擦塗抹掉一大塊時，這樣的人生會像什麼？是否仍然存在著自己的靈魂？」

另外是「關於失智這件事」：

「面對失智老人走失在茫茫人海裡，你我會是何種矛盾的心情？如果有一天面對家中的爺爺奶奶或爸爸媽媽記憶逐漸消逝，行為舉止退化，或不識眼前的你我時，自己將以什麼樣的心情和態度來面對眼前這逐漸陌生的長輩。試著和孩子談談彼此的想法——關於失智這件事。」

當然，你和孩子之間，一定有屬於你們可以對話的影片。試試看，讓孩子學習自我提問，當然你可能需要先示範，再引導。今天是對電影自我提問，明天就有機會對於所接觸的事物自我提問。**而熱情的燃點透過如此的自我提問，學習將持續地燃燒著。**

祕訣 054

找到想學好的那件事

你有沒有注意過？家裡那個看似提不起勁的孩子，曾經花了一整個下午在自己的房間裡，拆解、組裝他的桌上型電腦或音響；或蹲在家門口，對眼前的自行車耐心地保養著；或在陽台上，細心地照料著他的盆栽植物。

沒錯，你看見了，**孩子正在乎地在做著自己喜好的事物，過程中，不需要你的催促、提醒或叮嚀。**沒錯，在這些事物上，你會不經意地看到孩子自發性地想要把這些事情學習好。而熱情的種子就埋藏在這些電腦、音響、自行車的拆解、組裝、保養及維修上，或者孩子的熱情正埋藏在綠手指的泥土裡，等待被發掘。

熱情，就像一顆深埋在土裡的種子。它需要你的細心灌溉、等待萌芽，有朝一日長成熱情的大樹。

祕訣 055

為何意興闌珊？

想想看，為什麼孩子的那把熱情之火會熄滅，而無法燃燒整個沙漠？當孩子意興闌珊，當孩子什麼都不想要時，也正是必須仔細去探究當中根源的時候。

有時候，我們不知不覺地會扮演起熱情的滅火器，不自覺地就把孩子的那股熱情之火澆滅了。

「你是時間太多是不是？幹嘛閒閒沒事把電腦拆成這樣？壞掉找人來修不就得了？」

「你千萬別把那台音響給弄壞了，那可是你爸花了好幾萬買回來的。弄壞了，你就完蛋了！」

「你有這麼多閒工夫在那邊擦車子，我看你乾脆也把地板拖乾淨算了。」

「你也拜託好不好？你才幾歲就在這邊過人家退休生活的『拈花惹草』？沒事，就去多看書比較實在。」

沒錯，你正不經意地以一句一句帶著酸性的話語，將孩子可能在電腦、音響、自行車、園藝、花藝等領域的熱情給一一熄滅。或者，你根本認為孩子的熱情用錯地方，不該耗費在這些事物上。

孩子應該把心思擺放在哪裡，我想是許多父母相當在意的事。**但在意，並不表示你就該強制介入。**否定了A，不表示孩子就會去做B。就像你認為孩子不該花時間在拈花惹草的園藝上，並不表示他就會虛心接受而去讀書，除非他也在「閱讀」這件事情上，發自內心地感受到了熱烈情緒。

祕訣056

渴望的泉源

每個人多少都有屬於自己的渴望，試著先和孩子分享你自己的那一部分。並不是每個孩子都能夠清楚說出自己的渴望是什麼，但你可以一起和他出發，找到那座渴望的泉源。

「我希望……」你可以用這句話當作開頭的練習。「我希望什麼？」渴望有著希望、盼望的意味，在如此「希望」的表達中，**請記得只要分享你自己的希望就可以，不要添加對於孩子的要求與期待。**

「我希望有朝一日可以騎著自行車，優雅、自在地環島一圈。」

「我希望有機會欣賞到四大國際影展，像是奧斯卡金像獎最佳影片、坎城影展金棕櫚獎、柏林影展金熊獎，及威尼斯影展金獅獎等影片，那會是多過癮的一件事。」

「我希望可以親自動手打造屬於自己的書房，在那裡可以讓自己感到窩心。」

分享，盡情地分享。讓孩子感染到你那份渴望與希望，那一份在日常生活中的熱情所在。

祕訣057

逆轉勝

讓孩子感染熱情，有時可以從身邊的逆轉勝開始感受起。這就像在棒球賽中，持續處於落後情況的隊伍，如何努力不懈地保持著熱情，最後經典地逆轉整個戰局一樣。

熱情是可以醞釀的，熱情是可以被感染的，熱情是可以試著從觀摩中體驗與感受的。在YouTube上，你可以和孩子反覆地觀看一場一場的逆轉勝。就像林書豪那一幕〇．五秒逆轉三分球，帶領尼克隊以九十分比八十七分擊敗暴龍隊。熱情的儲備，需要親子一步一步來逆轉！

你的孩子最可能逆轉什麼？**先不要設框架。當孩子願意嘗試時，任何學習的賽事都有逆轉的契機。**

祕訣058

向熱情靠近

孩子靠近哪裡，他的熱情或許就在哪裡。主動接近，意味著那些事物具有吸引孩子的能量所在。熱愛棒球的孩子，會主動趨近關於棒球的任何事。甚至於連看電影《KANO》的同時，心中都能燃起一股對於棒球的熱情渴望。

同樣地，對於烹飪有著熱情的孩子，會很自然地想要接近市場、靠近廚房。

喜歡火車的孩子也是。任何可以遇見太魯閣、普悠瑪、自強號、莒光號、復興號、區間車的機會，他都不會放過。無論是車站、平交道、鐵路高架，或YouTube上的影片，都能欣賞那疾駛而過的長長身影，或聆聽「戚戚卡卡、戚戚卡卡」的火車聲。

任何因為接近而可以圓夢的機會，都是孩子的熱情所在。想想看，除了電腦螢幕之外，你的孩子平時會靠近哪裡？

祕訣059

活力充沛的瞬間

對於一些學習動機低落的孩子來說，熱情像是氣若游絲般存在於他的生活中。孩子是否真的全然沒有一絲絲的熱情存在？我想，**不妨先撇開這種全有全無的負向想法，試著張開我們的雙眼，開始去尋找孩子曾經活力充沛的那一瞬間**。回想當時，那充滿活力的情境所在是什麼？或許熱情的源頭也在裡面。

例如：在足球場上，你曾遇見孩子難得的倒掛金鉤、頭槌入球，或單刀直射入門的那股充沛活力。或者在校園的醒獅團中，你曾看見孩子在氣勢磅礴的陣陣鼓聲中，賣力地舞弄著獅頭，技藝高超，架式十足，博得現場眾人的掌聲。

問題十
當孩子對讀書不在乎

「是誰規定一定要讀書的？就是沒有fu怎麼讀？不然你試試看，讓你咀嚼乾澀、沒有味道的樹葉或草，你要不要？」

「拜託，你以為我是蠶還是牛啊！還在跟我耍嘴皮子。你有沒有想過，對於讀書這件事，你那麼不在乎，一點點熱情也沒有，那還得了？」

俊明媽瞇起眼睛，右手捏起拇指與食指比出「一點點」，刻意讓孩子感受到那幾乎要消失的一丁點熱情。

「媽，你這就不對了，誰說熱情就只能用在讀書上？我說不在乎，是指對於現在班上的那些事不在乎，而不是指我對其他事情也不在乎或沒熱情。」俊明再次向媽媽強調，「就是那些『無用的』成績，懂嗎？」

「好，你這孩子也大了，我先不跟你辯成績的事。有用、沒用，以後你遇到就知道了。那你倒是說說看，你的學習熱情擺在哪裡？」俊明媽這回倒是想聽聽看，讀高一的兒子會如何訴說他的熱情。

「所以，媽媽你看，你連我平時在關注什麼、對什麼投入到忘情都不知道。就是因為現代父母都只在意孩子的成績，而完全不去理會孩子的興趣到底在哪裡，熱情的發揮又在哪裡。」

「哇！你這孩子還真的是長大了，竟然對著我這個做媽的說起道理來。我倒是想洗耳恭聽，看你如何自圓其說。」

俊明媽有些不以為然，但又略感到尷尬，因為孩子似乎正中紅心，說到自己久久不去正視，而被升學導向的浪潮一波一波覆蓋住的疑惑：

「熱情，難道只能用在學業上嗎？」

發現熱情的祕訣指南

祕訣060

讀書的意義

你或許正為了孩子對讀書不在乎而煩惱。的確，相信大多數父母都很在意孩子的讀書情況；或許你離開學校、出了社會後，也很少再讀書，但是對於孩子，那是你的期待。

我們試著翻轉，想一下：

孩子如果真的在乎讀書這件事，那麼背後支撐他產生動機的到底會是什麼？

讀書的意義到底是由誰來決定？

如果是你來下定義，那麼，你是否有把握說服眼前的孩子？

意義的追尋，並不是那麼容易，也非如此清晰。讀書的意義，很難用強迫的方式讓孩子接受，或硬輸入到他腦中的程式裡。**除非我們調整一下態度，陪伴孩子一起去探尋「讀書的意義」**。

祕訣 061

我的身影，那些氛圍

要讓孩子對於閱讀存在著熱情（請提醒自己，先不談教科書這件事），**你我的閱讀身影要先被熟悉地看見**。當你自己閱讀了，當家庭閱讀的氛圍像迷迭香的氣味蔓延，這樣的視覺印象，甚至於書本的味道，或許多少可以觸動孩子把書拿起來翻閱的那股動機。

如果沒有這樣的身教為前提，除非是孩子自發性地喜歡閱讀，不然只靠大人的叨念，父母說得到、做不到，要燃起孩子對於閱讀的熱情與在乎，真的很難。

秘訣062

你在意的是讀書，還是分數？

試著讓自己沉澱一下，想想：

你在意的是閱讀，還是讀書（教科書）之後所帶來的分數？

如果是後者，想要讓孩子對於分數產生熱情，真的是緣木求魚，甚至於會激起反效果，讓孩子離閱讀這條路漸行漸遠。

想想，分數到底燃起孩子什麼樣的動力？我們嘴上說分數不重要，但它又是如此與孩子和父母的情緒糾纏著。或許獲得高分多少會讓孩子有些自我肯定，但如果分數不盡如人意呢？我想，若親子之間為了分數而不時地拉扯、對立、衝突著，想要讓孩子因此對於分數有好印象，大概也很難。而熱情要因此燃燒，更難。

秘訣063

延伸閱讀，蓄積熱情的能量

回到先前的文章裡，當你發現孩子對於園藝、花藝感興趣，這時不妨透過相關書籍的閱讀作為熱情的燃煤。請從這些孩子感興趣的資訊出發，將有助於激起孩子對於知識探索的渴望。這也能讓孩子有機會跨入閱讀的花園，進而品味與欣賞當中的曼妙。例如，可以與孩子主題式地蒐集書訊：

- 《一刻風景：15分鐘創意小盆栽、50道手作風景練習》
- 《香草好玩又好種：尼克的100種香草生活》
- 《盆栽種菜超簡單》
- 《花木修剪基礎全書》
- 《室內盆栽綠設計300》
- 《種香草、玩香草一次搞定》

以上僅是以居家生活、花草園藝為例，你也可以與孩子一同翻閱《花時間》這本日本經典花藝雜誌。

可以選定孩子現階段感興趣的事物，**透過主題式的廣泛閱讀與接觸，讓他從中**

去感受不同作者從文字中所散發出的熱情。

祕訣064

讓熱情無所不在

再次強調，孩子的熱情並不一定只在課業上表現。沒錯，我知道你很在乎，也很在意，但有些事急不得，真的需要漸進式地來。**當孩子對讀書不在乎，那麼請先找到他所在乎的事物。**

先維持住孩子在這些事物上的熱情，縱使你認為這些跟學業無關，是不重要的，但請再次提醒自己，一步一步來。

讓孩子的學習熱情先無所不在，先求有，再求好，如果你認為他在課業上一定要有好表現的話。

孩子的目光聚焦在哪裡？孩子的心思匯聚在哪裡？這是我們需要細心地傾聽、留意與關注的。孩子正在往哪些事物漸漸靠近？靠近，屬於該事物的熱情就在不遠處。

祕訣 065

真的不在乎？

對於讀書，孩子是否真的不在乎？或許你聽見他信誓旦旦地說「我一點都不在乎」，但請留意，**有時孩子很容易以「不在乎」來掩飾心中面對困境的焦慮。**

或許要試著先傾聽孩子對於「在乎」的看法。孩子曾經注意過什麼？在意過什麼？關心過什麼？難道他真的不看重讀書，不把讀書放在心上？

不在乎，很好說。不在乎，看似心裡很好過。但真的是不在乎，還是孩子在讀書這件事情上不好過？這是我們需要陪伴孩子一起澄清與思考的。

祕訣 066

經驗，帶來尖叫聲！

電影《KANO》是馬志翔的導演處女作。曾經在某次媒體的訪談中，他被問到：「你怎麼學習當導演？」當時他回應：「創作來自於經驗，沒經驗就得大量閱讀。」很受惠的一句話，讓我印象深刻，心被觸動。

協助你的孩子了解，**在不願意大量閱讀的情況下，自己是否存在著踏踏實實的經驗？如果兩者都沒有，那麼自己期待的未來又會是什麼？**

電音女神謝金燕，無論是跨年演唱會的精湛演出，或多年來在演藝事業上、人生舞台上的精采呈現，總是展現出堅韌的生命力。「尖叫聲！」不只是舞台上的她在吶喊，舞台下的觀眾們也如癡如醉地呼應著。或許，你的孩子不一定是謝金燕，但至少她是「姐姐」。做給自己看，做給別人看，對自己負責的「姐姐」。

當孩子努力累積經驗之後，「尖叫聲！」就有機會出現了。

問題十一
如何激發學習熱情

「說真的，我覺得獎勵用多了，讓我愈來愈分辨不清楚『學習』這兩個字對孩子的意義到底是什麼？除了獎勵以外，難道真的沒有其他方法讓小恬的學習動機燃燒起來嗎？先不要說讀書這件事，有時在報章雜誌、新聞媒體上，看見那麼多不同的人物，在自己的生命中燃燒熱情，我就不禁思考，『熱情』這東西到底什麼時候才會降臨？」

「Teresa，我也一直在想這件事情耶！每回只要在TVBS新聞台看《一步一腳印　發現新台灣》裡面所介紹的，在台灣各個角落的人物故事，我都發現至少有一個共同點：這些人對於自己的生活都存有著『熱情』。我也在想，熱情到底能不能從小就培養？還是說，它本來就存在於孩子的身上，只是等待著我們去發現、去發掘？」

Lucia說著，順口品嘗著還留著些溫度的Cappuccino。

「Lucia，你們家的志瑜和我們家小恬年紀差不多，可是你好像都不會煩惱她的學習情況，而且我發現她投入的興趣好像滿多的，對往後高中生活的想法似乎也滿具體的。這動機到底怎麼來的？」Teresa有些羨慕地說著。

「也不能說不煩惱，只是我和志瑜爸在試著學習，如何陪孩子去發現她自己的熱情所在，去留意、參與或支持她積極投入的事物。哈！這也是我剛剛在想的，或許熱情是可以從小培養或發掘的。我猜，也可能是志瑜在每個星期日晚上十點，都和我們一起看《一步一腳印　發現新台灣》這個節目，耳濡目染久了，多少也感染到那些故事裡人物的熱情。」

Lucia微笑著，臉上流露出的滿足讓Teresa好羨慕。

「那麼，小恬的熱情在哪裡呢？」

發現熱情的祕訣指南

祕訣067

馬拉松聯想

為什麼他們都在跑步？你可能發現在周遭的朋友之間、在FB塗鴉牆上、在電視新聞畫面裡，或者行經的公路旁，總是可以看見有一群晨起的人在跑步，可能是全馬，可能是半馬。

為什麼他們都在跑步？試著與孩子進行腦力激盪，想想這些選手為什麼會有這樣的選擇？在跑步的背後，到底是什麼熱情的元素、參賽動機，讓這些跑者盡情地投入這些活動裡？

- 是羨慕？別人能跑，我也要會跑？
- 是給自己一段不同的人生體驗？
- 是與自己的身體、呼吸、節奏相互親密對話？
- 是對自己的耐力、毅力、體力的自我挑戰？
- 是群體參與的感動？
- 是維持社交的選擇之路？好朋友跑，那我當然也要跑？
- 是好奇心驅使？
- 是自我能力的展現或期待被看見？
- 是受活動的歡樂魅力所吸引？

● 是減肥、瘦身的健康考量？

● 是自我紀錄的挑戰？

● 是參賽獎金或贈品的吸引？

● 是跑出歡樂、愉悅、放鬆的心情？

● 是享受抵達終點前的那一剎那，自我實現或圓夢的感覺？

從馬拉松的例子中，你可以再以此類推：那關於自行車愛好者呢？喜歡手作創造的朋友呢？盡情投入在街舞展現的同學呢？或陶醉在鋼琴樂音彈奏的孩子呢？**想想他們的參與動機，熱情的答案或許就在這裡。**

祕訣 068

尋找熱情人物與故事

對於孩子來說，有時需要一些熱情的典範作為參考。從這些人物身上，去感受自己可能沒有發覺的那份熱情。也許你的身旁就存在著這些人，或者從許多報章雜誌，甚至於在TVBS新聞台的《一步一腳印　發現新台灣》節目中，也都有相關的人物介紹。

當你尋找這些典範的人物與故事時，試著多與孩子所關注的興趣相連結，如此比較容易契合、貼近孩子的生活。

例如：喜歡電影的孩子，你可以和他一起分享、討論李安導演。同樣地，分享打籃球的林書豪、喜歡昆蟲的吳沁婕、「倒立先生」黃明正。愛閱讀小說可以談論九把刀；關注公益可以分享沈芯菱；喜歡３Ｃ可以聊聊賈伯斯；熱愛音樂，可以談談五月天或陳綺貞；分享麵包冠軍吳寶春，或喜愛料理的阿基師等。

試著和孩子分享這些人物所具有吸引力的特質，除了熱情之外，可能也包括專注、樂觀、積極、開朗、幽默、勇氣、人道關懷、創造性、毅力等。

多找出與孩子生命有著連結的人物，**孩子喜歡聽故事，試著讓他們在這些人物的故事中，看見與發現自己相似的熱情所在。**

祕訣 069

生活中的自我著迷

當看著他人的熱情燃燒時，父母也該試著與孩子一起，找到自己在生活中主動投入的著迷點。

想想看，你或者孩子曾經為了什麼著迷過？

或許孩子會不假思索地回應你：「沒有！」但是別放棄，對於事物的熱情不見得只能有全有全無的二分法。

有時候，熱情可以是相對的。讓孩子在這些事物上兩相比較。例如：孩子喜愛天文氣象勝過於昆蟲動物，喜歡手作彩繪勝過於樂器彈奏。**縱使只是一點點著迷，只要你願意支持，就有機會燃起孩子的熱情。**

祕訣 070

踢踏出熱情

有時，讓孩子欣賞具有熱情的表演，在觀看的過程中，**來一場視覺與聽覺的饗宴，也是喚起熱情的一種方式。**

就以經典的愛爾蘭踢踏舞王——麥可・佛萊利舞蹈生涯中的經典鉅作《火焰之舞》為例。十足爆發力的舞台氣勢，讓孩子可以從中欣賞到舞者腳步的整齊與氣勢，如何隨著節奏動感起舞。在觀看的過程中，很容易催化出正向能量的情感，而熱情也在此時燃起。

想想看，除了踢踏舞之外，還有哪些表演可以喚起孩子的熱情？

祕訣071

選擇與決定

賦予孩子選擇及做決定的權利，是激發熱情相當關鍵的元素。要開啟孩子學習動機裡的熱情密碼，當事人的選擇意願及決定的權限是需要被保留的。熱情這件事，是無法被人勉強與強加在自己身上的。

試著把選擇權釋放給孩子自己，讓孩子可以在所關注的範圍內，尋找能夠讓自己主動趨近的事物。無論是在音樂、美術、舞蹈、運動、才藝、戲劇、律動、閱讀、自然、人文等領域的興趣或嗜好皆可以。

同時，最後的決定權當然也是歸孩子自己。

例如：在平時的活動中，孩子自行決定，盡情投入踢踏舞的明快節奏中；或者享受在桌球運動中，擊球的判斷、移位、出手、還原等過程；或在蝶古巴特的藝術創作裡，發揮創意的巧思。

祕訣 072

達陣成功的那一剎那

如同馬拉松選手抵達終點前的那一刻，棒球投手完封的那一剎那，或籃球選手投出球、刷進籃框裡的那一瞬間，引導孩子去感受時間凝結的那個片刻。有時，最炙熱的情感就在當下停格，熱情也呼之欲出。

或許你會疑惑：「我的孩子有成功凝結的那個片刻嗎？」請你仔細回想，或者直接創造，讓孩子有如此的經驗。

請相信，孩子有時離「成功」的距離是很近的。也許不是學業表現，但一定是他所熱愛的那件事。**你的「相信」，會讓這個距離更近。**

祕訣 073

倒帶人生，遇見最有成就感的事

尋找孩子的熱情，我們不妨啟動「倒帶」機制，**引導孩子回想過去曾經有的成就感。**這種成就感，曾為孩子帶來強烈與濃郁的情感，而熱情也以這樣的感情呈現出來。孩子不是沒有熱情，或許是曾經存在的熱情太短暫，像花火般瞬間繽紛消逝，但請試著和孩子一起回首，再度尋找那股熱情的綻放。

例如：在你的回憶中，孩子曾經用樂高設計、建構、組合出各種車站、系統交流道、建築物、橋梁、火車鐵道等作品，並樂在其中；或者曾經參與深具力與美，震撼人心的太鼓表演，並獲得觀眾的熱烈掌聲。

讓這些回憶與畫面再次回到孩子的腦海裡，無論是視覺的作品或聽覺、律動上的完美呈現都很好。或許就從這裡再出發，經過樂高站、太鼓站，將帶著孩子往下一站，「熱情」前進。

祕訣074

熱情像什麼？

熱情像什麼？試著和孩子討論熱情的感覺，當然，**最好能夠在腦海裡形成畫面。**

- 熱情就像那一把象徵著光明、團結、友誼、和平、正義的奧運聖火。
- 熱情就像那一鍋熱滾滾的昆布高湯火鍋。
- 熱情就像那身穿紅色斗篷，盡情旋轉、跳躍著鬥牛舞的迷人西班牙女郎。
- 熱情就像那暖呼呼的燦爛太陽。

●熱情就像那一朵朵綻放的玫瑰。

●熱情就像那隻全身布滿圓形斑紋，在非洲草原敏捷奔馳的金黃色花豹。

●熱情就像清晨在鹿野高台上，那顆五彩繽紛，緩緩升空的熱氣球。

熱情像什麼？

一起與孩子腦力激盪吧！

學習動機第4招

引起好奇心

非學不可之引起好奇心

「Curiosity killed the cat, but satisfaction brought it back.」

俗語說：「好奇害死貓，但滿足了就沒事。」好奇，讓你選擇探索。而探索，將擴大你心的視野。學習的需求也在這個過程中，漸漸被滿足。

孩子的探索，茁壯了他的獨特想法。但孩子的好奇，是否會遠離你的既定期待？

如果你認為孩子應該待在學習有著標準答案的舒適圈，那麼，好奇將不見天日地被禁錮在學習的牢籠裡。慢慢地、慢慢地，學習的心就不再探索，內在動機也會像蠟燭般燒盡。

當孩子不再探索了，你會驚訝於他的學習態度漸漸地被動，甚至於對事物不再有感覺。當孩子總是理所當然地開口要答案、等答案，少了探索過程的學習，也換來對於學習的索然無味。

你是否覺察到孩子被安排在不允許犯錯的學習裡，同時在少了「surprise」的生活中成長。潘朵拉的盒子沒有人敢打開，好奇心也將漸漸像恐龍般滅絕。

你多久沒有感到好奇了？孩子呢？

向嬰兒的好奇與探索致敬吧！當你用一塊黑布遮蓋住孩子眼前的事物，你會發現在他伸手可觸及的情況下，嬰兒會綻放著閃亮的好奇明眸，使勁地用他的小手盡情地撥開著眼前的那塊黑布。

好奇，驅動著他的探索，也讓他揭開了黑布下的答案，而有著更豐富的學習。在努力撥開黑布的過程中，好奇心也在此生根發芽、熱情茁壯。

提升孩子學習動機的第四個密碼，就從引起好奇心，往探索之路前進吧！

問題十二
當孩子缺乏探索力

「子恩，你怎麼在這裡發呆？現在不是每一組小朋友都要拿著氣溫計，各自去陰涼通風的地方測量溫度嗎？」

「反正我們這一組已經有人在做了。每個人測量出來的不是都一樣，幹嘛一定要測？而且早上的氣象報告不就已經有說今天的氣溫會是幾度嗎？看手機不是也可以知道嗎？為什麼現在還要拿這個怪東西去測？」子恩自認為理由充分地說著。

「子恩，老師的用意在於讓每個小朋友實際去體驗測量溫度的方式。沒錯，你說看上午的氣象報告或查手機，就可以知道現在的氣溫。但是自己實際去參與、去動手，不是也很棒嗎？」沈老師勸說。

顯然，沈老師並沒有說服子恩，他只是敷衍地走到樹蔭下，乾脆在那裡納涼。在子恩身上，沈老師一直發現他缺乏了一種特質。「或許是探索吧！這孩子真的少了一些好奇心。」沈老師心想著：「到底是什麼因素，讓子恩這孩子變成這樣？」

在班上，其他小朋友最期待的就是戶外的自然體驗課程。無論是抬頭觀看雲朵的變化，好奇為什麼山的這一邊積起了許多的雲，但海的那個方向卻萬里無雲？或是好奇，把什麼東西放入校園裡的小水池中會浮上來？有的孩子甚至於回到家後也衝進廁所，觀察馬桶水箱裡的浮球到底是如何控制水量的。

只是，對於子恩來說，這些似乎都無法觸動他的注意與動機。

「難道只是因為自然課嗎？」沈老師狐疑地想著：「好像也不是，我看他在其他課堂上的態度好像也是這樣，都是一副事不關己的模樣。但與這孩子接觸的經驗，不像是心智發展不好啊？」

少了好奇的探索力，沈老師發現子恩的學習動機也熄火了。

引起好奇心的祕訣指南

- 祕訣075 對孩子的信任授權碼
- 祕訣076 給孩子犯錯的機會
- 祕訣077 Surprise box
- 祕訣078 大自然的探索教室
- 祕訣079 龜山島，不同角度的變化
- 祕訣080 大自然裡，數不盡的為什麼
- 祕訣081 魔力廚房變花樣
- 祕訣082 每天來點新鮮事
- 祕訣083 延伸探索

祕訣075

對孩子的信任授權碼

父母對於孩子的行為能否給予信任，非常關鍵地影響著孩子對於周遭事物的探索動機。因為你的不信任，孩子很容易在學習中被設定了許多的框架。有時，你隨手的代勞也間接地讓孩子失去了動手參與的機會。當然，你的制止與限制也將孩子的探索行為給冰凍了起來。「少做少錯，不做不錯」，探索自然收斂，好奇心也因此深藏。

你釋放多少信任授權碼給孩子，就開放了多少給孩子探索的權利。**相信孩子，放手讓孩子去探索，他的好奇心就有加碼的潛力，內在學習動機也將逐漸醞釀。**

例如：當孩子回到家裡，使盡力氣將厚重的馬桶水箱蓋搬起來，好奇地低頭探視著水箱內的構造，以研究浮球如何控制水量。在孩子動手搬動蓋子的那一剎那，你的支持，將會開啟孩子後續的探索之路。

「孩子，你有發現到什麼？很神奇吧！你看這浮球是怎麼控制馬桶的水量喲！我們要不要來想一想，如果想要省點水費，又可以沖乾淨，那到底可以怎麼做呢？」

反過來，若你這樣說：「你在幹什麼？誰叫你亂動馬桶水箱蓋的？如果一不小心摔在地上，不只蓋子碎掉，連地板磁磚都會撞壞，你知不知道？沒事搗什麼蛋？」當這樣的否定反應出現，也瞬時將孩子的好奇心浮球給蓋住了。

祕訣 076

給孩子犯錯的機會

在探索的過程中，孩子就像進入迷宮般的森林裡，每一個岔路口都是一次選擇的機會。每次的問題解決，也道盡了一次次錯誤嘗試的練習。因此，「錯」在這個時間點上，是相當自然而然的一件事。**孩子同時也藉由「錯」，漸漸地了解所謂的「對」**。請記得，許多事並不會一次到「對」的位置。

孩子透過錯誤經驗的不斷累積，而看見了各種可能性。探索的能力、面對錯誤和失敗的膽量，也因為你的支持而蓄積。

「哇！錯得好！」嗯，聽到這句話，你可能會覺得是說錯了吧？錯，哪會好？因為錯，讓孩子有機會看見該如何走到好。因為錯，也讓孩子遇見各種問題解決的可能性。請記得，你的肯定態度將明顯決定孩子內在動機的能量。

讓孩子，愈「錯」愈勇。

祕訣
077

Surprise box

生活中，其實可以嘗試製造、發現各種驚喜。這種無法預期的神奇魔力，很容易能催化孩子的探索與好奇。「Surprise !」想想，在每天的生活中，是否有如此的驚奇。二十四小時內有嗎？一星期內有出現過嗎？好吧！放寬至一個月內呢？半年呢？喔！可千萬不要在這一年內都沒有「surprise」出現。

想要給孩子一些「surprise」，或許**要先回到自己的經驗庫中，回想你曾經有的「surprise」會是什麼呢？**例如：

- 突然發現植物園內的樹梢上，有松鼠來回在跳躍。
- 雨後的蘭陽平原上，突然遇見一道彩虹跨過天際。
- 花點巧思，運用海苔製作圓仔的壽司飯糰。
- 陽台上的那株番茄開花了。
- 水田裡，成群的白鷺鷥中，突然出現三三兩兩的埃及聖鶚。

●在平交道等候時，巧遇紅斑馬自強號（台鐵EMU1200）疾駛而過。

當我們敏感於「surprise」，也就比較容易引導孩子去體驗「surprise」。觀察，敏銳地對於生活周遭事物進行探索。

祕訣
078

大自然的探索教室

提升孩子的探索力，最適合的教室非大自然莫屬。想想看，你的孩子距離上次與大自然相處的經驗有多久？有多遠？這時，你真的要羨慕居住在宜蘭、花蓮、台東的朋友與孩子了。

當然，大自然不會只在宜、花、東。其實，**大自然一直就在你的身旁不遠處，等待你與孩子的親臨與體驗，只要你願意行動。**

這一點，令我很感恩這些年在宜蘭的生活。在蘭陽平原上，在山與海之間，在日與夜的輪替之中，你將發現不同的天候、雲朵、光影等交織成不同的自然風情。讓孩子有機會在田野、海邊、平原或山林裡，探索這份自然的饗宴。

自然的變化，讓人多了期待。自然的變化，也開啟了每日對於景物的好奇與探索。在這個大自然裡，視覺、聽覺、嗅覺、味覺與觸覺，彼此的排列組合都成為探索自然的好線索。也因為大自然，讓人對於生活的學習有著好奇的期待。

別讓山、海、溪、河、平原、稻田、雲朵、天空和花草樹木等你太久，其實它們一直在旁癡癡地等候著。

祕訣079

龜山島，不同角度的變化

龜山島總是在太平洋上，守護著蘭陽平原。很明顯地，她的身影就如同神祕女子般，隨著你所在的位置與角度而有不同的模樣。

探索的真諦也在這裡。從跨入宜蘭北端頭城的那一剎那，你會發現映入眼簾的龜山島，總是隨著你的移動逐漸變化。從北往南，石城、外澳、東港、蘭陽溪出海口，甚至於往南至蘇花公路上的南方澳觀景台的遠處眺望，你會看見她的姿態萬千。

讓孩子知道，如此的移動，就像是一場探索之旅。在不同的角度，你將遇見各種的可能變化。也因為這道理，**讓孩子也有機會學習如何透過不同角度看事情。**簡單一點的做法，就像透過萬花筒，去感受不同角度所出現的繽紛色彩與魅力變化。

祕訣 080

大自然裡，數不盡的為什麼

在大自然裡，你與孩子的提問將會催化著許多不同的思考，這也是學習動機裡非常關鍵的元素。想想在這個「教室」裡，你與孩子會彼此激盪出什麼樣的疑問？

例如：「為什麼河口沼澤溼地，有許多水鳥來棲息？」「為什麼出海口有這麼多漂流木？」「龜山島為什麼和蘭陽平原遙遙相望？」特別是當生活在這塊平原上，與孩子近距離地和大自然接觸，這些「為什麼」將使你們更拉近與深入環境和自己的關聯性。

你與孩子的「為什麼」可以繼續發揮，只要好奇心存在，探索的動力燃起，內在學習動機將同時與日俱增。

祕訣 081

魔力廚房變花樣

其實在生活中處處都是好奇的舞台，你可以試著和孩子在廚房裡，一起使用魔力讓料理變出花樣。柴米油鹽醬醋茶，多一點、少一些，再以手邊的食材進行搭配，你會和孩子遇見及創造出各種不同的神奇變化。

廚房的探索是這個道理，你也可以以此延伸到任何你想像得到的地方。沒錯，**各種可能性的存在，就是探索的好所在。**

祕訣
082

每天來點新鮮事

好奇心真的是需要培養的，或許就從每天來一點新鮮的事開始。**只要你願意嘗試體驗，在「新鮮」中其實蘊藏著豐富的好奇心。**例如：

- 在路邊遇見貓時，你選擇原地不動，看著牠，猜猜看貓咪會有什麼反應？
- 和孩子騎著腳踏車，走一回沒騎過的路線，想想會遇到什麼人事物？
- 從原本使用的「獅王」紅鼻超人哈密瓜口味兒童牙膏，改換成草莓口味的。
- 原本愛吃卡迪那，今天換成吃可樂果。
- 從原本習慣的優勢右手，改成用左手拿湯匙喝玉米濃湯，感受左右手的不同手感。

秘訣083

延伸探索

在生活之中，你與孩子可能會有一些奇妙的「遇見」。這些遇見也許因為特殊，一瞬間令人感到驚奇。但如果僅僅在那短暫瞬間讓你的眼睛亮了起來，之後再也沒有特別的火花碰觸，讓你的發現繼續延伸下去的話，你會發現，好奇心就在這裡戛然而止了。

有一次和孩子騎著腳踏車，沿著宜蘭河右岸往蘭陽溪出海口的方向前進時，在壯圍堤防外的水田上，我們遇見了有些陌生的鳥類身影（在蘭陽平原上，常見白鷺鷥的蹤影）。我自然地以手機拍下這些鳥類的倩影，隨後繼續往出海口方向前進。後來依往例將騎車沿途的照片，依序放在臉書相簿上與朋友分享。

後來，我在該張鳥類相片下，發現同住宜蘭的陳怡翔老師留言：「埃及聖䴉，埃及智慧之神的象徵喔。」這一段話讓我眼睛一亮。「埃及聖䴉」，這個沒聽過的名字像一個鉤子，勾起了我的好奇心，於是我上網Google搜尋「埃及聖䴉」的資料，同時和孩子分享這個特別的發現。

藉由這個分享，繼續與孩子討論下去，你會發現彼此在知識與經驗上都有了進一步的擴充。無論你是要延伸至法老、木乃伊、聖䴉或金字塔等知識或概念，你將發現這會是一段有意思的學習旅程。而好奇心，也會讓學習的動力繼續獲得啟發。

讓生活中多存有一些引起好奇心的鉤子。從這些鉤子中，勾出一連串意想不到的美妙事物。

問題十三
當孩子只想要答案

「亞韻，這一題答案不對，你要重算喲。」

媽媽溫柔地用鉛筆將數學習作二—四「併式單元」裡，第七題的題號圈起來。

「你再仔細看看題目，還有你的運算方式。」

「所以答案是多少？」亞韻連題目都沒再看一次，開口就直接問媽媽。

「答案是多少？你怎麼會問我這個問題？你要自己算過才知道吧！」

「哎呀！你就跟我說哪裡錯，不就好了？」亞韻有些不耐煩地說。

「5×60－56＝300－56＝244，這是你寫的算式，但是，你再把原來的題目讀一次。」

「拜託，我作業寫那麼久了，很累耶！幹嘛還要再讀出來？」亞韻看似不太想再動筆。

但可以確認的是，「這孩子總是在等待答案。」亞韻媽心裡想著。

女兒這樣的學習態度，其實一直困擾著亞韻媽。

「白米一包五公斤，甲店進貨五十六包，乙店進貨六十包，乙店比甲店多進了幾公斤的白米？」媽媽索性幫亞韻念出題目。

「所以我哪裡算錯？」亞韻又是直接問。

媽媽發現她還是沒思考自己到底錯在哪裡，因為這孩子還是在等答案。

「你就直接跟我講答案是多少嘛！這樣不是比較快？幹嘛一直在那邊算、算、算。算式不就是這樣嗎？」亞韻不認為自己哪裡有錯，因為她還是沒有再次去讀題、思考。

媽媽的溫柔與耐性有些動搖了。

「亞韻，你能不能好好調整你的學習態度？」

「什麼學習態度啦！你就直接跟我講就好了嘛！幹嘛浪費這麼多時間？」

這時，「括號」兩個字差點從媽媽的口中溜出來。

「不行！不行！這回真的不能再直接告訴亞韻錯在哪裡，答案是多少了。至少她一定得動動腦思考。」

引起好奇心的祕訣指南

祕訣084 標準答案的緊箍咒
祕訣085 聚焦在學習的過程
祕訣086 好奇心的大殺手
祕訣087 別幫我做太多
祕訣088 留意思考的僵化
祕訣089 答案會成長、改變

祕訣084

標準答案的緊箍咒

雖然標準答案會讓孩子感到有所遵循、有方向而心安，但對於標準答案的期待，卻也讓孩子少了好奇心被誘發的機會。有時，標準答案就像緊箍咒一般，將孩子的好奇心緊緊掐住了。

來一場跳脫標準答案的遊戲吧！

和孩子腦力激盪，哪些事情或議題是沒有標準答案的？

例如：愛情沒有對錯，也沒有標準答案。

演戲呢？戲如人生，誰說演戲一定要對著劇本照本宣科？讓演戲沒有標準答案，愛怎麼演就怎麼演地即興演出。以電影《蝴蝶效應》（The Butterfly Effect）來說，就有四種不同結局的版本。

誰說結局一定要有標準答案？

讓這些諸如愛情、演戲等，任何你想像得到的沒有標準答案的例子，慢慢鬆動孩子對於標準答案的依賴。

祕訣 085

聚焦在學習的過程

「白米一包五公斤，甲店進貨五十六包，乙店進貨六十包，乙店比甲店多進了幾公斤的白米？」

看到這道題目，在先不考慮答案對錯的情況下，首先要思考的是，孩子能否仔細並專注地讀完題目。

再來，對於題目的理解，是孩子必須啟動的第二道學習旅程。

接著就是理解題目之後，能否正確地列出乘法裡的併式算式，隨後正確地算出答案。

在和孩子面對眼前這道題目時，**請試著聚焦在上述的過程，並讓孩子看見自己在這過程中的努力，而非僅強調答案的對錯**。當孩子算錯答案時，要讓孩子再回頭看的也是這個探索的過程，從中找出自己學習中的可能錯誤。

祕訣 086

好奇心的大殺手

面對孩子在學習上的錯誤，例如：筆畫寫錯、造句造錯、成語用錯、計算算錯、題意看錯等，有時，除了孩子不耐煩被糾正而情緒浮躁外，對於父母等待孩子更正時的耐性也是一大考驗。

或許你索性將答案拋出給孩子，暫時滿足了他在試卷、作業、評量上被打勾、給分的假象，但是這種「索性」的態度，就像將「標準答案」這塊飼料大剌剌地塞進「好奇心」的鴨子體內，看似要它增肥，卻也把好奇心給噎到了。

在學習之路上，**「直接給答案」是孩子好奇心的大殺手**，不可不慎。

秘訣087

別幫我做太多

放手，讓孩子探索，你會發現他的好奇心將不斷地加碼、儲值。

相反地，當父母不願鬆手，凡事拉得緊緊的，甚至於讓孩子成了媽寶、爸寶，而不斷替他動手做事時，雖然看似關愛孩子，實際上卻會造成孩子在學習成長上的另一種阻礙。

有時候，幫孩子做太多，很容易會讓他感到理所當然。這種態度，很容易讓孩子將「給答案」也視為你必須要做的功課，而且還是一門必修課，理直氣壯地向你要求。

請想想，你每一次插手幫忙的情形；請想想，你是否放手讓孩子探索？孩子的好奇心，需要你的細心呵護。

祕訣088 留意思考的僵化

當孩子太依賴「標準答案」時，或許我們也該停下來思考，孩子對於問題的想法是否太容易陷入非黑即白的二分法裡，變成答案只有對或錯，沒有灰色地帶的彈性。一旦心中一直認定了某個答案，就少了很多對於身旁事物的深入思考。

去除框架，讓好奇心恣意在腦裡奔流，有助於幫助孩子的觸角更敏銳，思考更寬廣。

祕訣089 答案會成長、改變

你可能苦惱著孩子老愛問：「為什麼？」同時也在思索，給孩子的答案，他是否能夠聽得懂？事實上，**由於每個孩子在不同年齡的階段，理解能力的發展有所不**

同，你所回應的答案也自然會出現變化。

「什麼是愛？」「我是誰？」「我從哪裡來？」……想想看，你給不同年齡孩子的答案是什麼？

問題十四
孩子總愛問為什麼

「媽媽，為什麼圓仔有黑眼圈？」

「嗯，因為貓熊的……哎喲！媽媽又不是在動物園上班，怎麼知道啦！可能牠都很晚睡才……反正貓熊就是長那副德性，所以才叫貓熊啦！」

「那為什麼鱷魚的身體和牙齒都長得長長的？」

「小苡，媽媽剛剛不是跟你說了嗎？我不是在動物園上班，怎麼問那麼多！等你爸爸下班回來，叫他上網幫你查查看，就知道標準答案了啦！媽媽現在要去曬衣服，你能不能先安靜一下？」

「媽媽，你還沒回答我為什麼圓仔有黑眼圈啦！你都不回答。」

「喔，拜託你不要再問我為什麼了啦！再問下去，害我晚上失眠，明天你就會看到我像圓仔一樣有黑眼圈了啦！」面對孩子一波波的追問，小苡媽很明顯地顯得不耐煩。

「那為什麼斑馬的身體有黑的和白的條紋？」

「小苡，你到底要我講幾次？我、不、是、在、動、物、園、上、班！」媽媽放慢速度，一個字、一個字用力地講著。她的眼神似乎在告訴著孩子「這回你最好聽得懂」。

「我看，下回去書店買一些動物百科圖鑑給你看好了，上面都有你要的答案，到時候你自己看就懂了。」手上抱著籃子準備去陽台曬衣服的小苡媽，索性又補了一句：「我會特別幫你選有注音的。」

她心裡嘀咕著：「這孩子也真是的，媽媽又不是百科全書。那麼愛問為什麼，想知道答案，等爸爸回來幫你Google一下不就得了？」

小苡的好奇與愛發問不全然只針對動物，有時她會問：「媽媽，為什麼月亮在天上都不會掉下來？」「為什麼有火車叫阿福號或小夫號呢？」或者：「為什麼便利商店的草莓霜淇淋要趕快吃，不然會融化？」

這些問題實在五花八門，讓媽媽招架不住。當然也因為常常被孩子問倒，多少讓她感到自尊受傷。

「奇怪，這些問題有什麼好問的？現在的孩子真是……」

引起好奇心的祕訣指南

祕訣090 和孩子一起想答案
祕訣091 你說呢？
祕訣092 「為什麼」乒乓賽
祕訣093 知識性問題的回應
祕訣094 同理心問題的回應
祕訣095 以孩子的角度看待事物
祕訣096 鼓勵孩子自問自答
祕訣097 潘朵拉的盒子
祕訣098 天馬行空地發問

祕訣090

和孩子一起想答案

請珍惜能夠發問「為什麼」的孩子，因為這表示孩子還保持著好奇心不墜。而能夠持續不斷問「為什麼」的孩子更要珍惜，因為這讓我們知道了他維持好奇的力量有多強大。

「我又不是Google，老愛問，不是讓我很焦慮嗎？」面對孩子的好發問，有時可以想想，自己是否因為總被孩子問到痛處，因為「不知道」所衍生的焦慮感而感到不耐？沒有人會是百科全書，也沒有必要成為百科全書。對於孩子的發問，或許我們可以轉個彎，和孩子一起來思考答案、尋找答案。

請記得，**關於「為什麼」這件事，重點在於探索答案的過程，而非最後的那個標準答案**；這樣的探索，正能讓孩子感受到好奇心的威力。如果你真的不知道答案是什麼，請勇敢地向孩子承認。你可以試著肯定孩子：

「寶貝，你好棒，媽媽發現你真的很有探索的精神與好奇心耶！其實媽媽也不太知道答案是什麼，那我們一起上網找找，或者我們一起來翻書，一起想想可能的解答會是什麼，好不好？」

秘訣091

你說呢？

有些孩子很有意思，其實自己明明知道答案了，還是喜歡問你：「為什麼？」這時，**或許你可以溫柔地反問他：「你說呢？」**

例如：

「媽媽，為什麼圓仔有黑眼圈？」

「你說呢？」

或許孩子會回答你：「我知道，因為我有查過，貓熊的黑眼圈是為了避免雪地光線反射刺激眼睛。哈！還有人說是因為貓熊的眼睛比較小，在物競天擇的動物世界裡，黑眼圈讓眼睛變大有嚇敵作用。」

有時，孩子會被「你說呢？」勾起他原先存在的答案。或許，他最後還會補你一句：「媽媽，難怪你沒睡飽時，眼睛都有黑眼圈，看起來蠻嚇人的。但是人家圓仔比較可愛。」

秘訣092

「為什麼」乒乓賽

你也可以試著角色互換，主動問孩子：「為什麼？」讓這股探索的好奇動力持續下去，像打乒乓球般你殺過來、我回過去，充滿活力與元氣。

例如：把問題拋出去。

「小苡，為什麼把銅板丟在磁磚上，和丟在地毯上或丟在許願池裡的聲音會不一樣呢？」

「為什麼有那麼多人願意排隊那麼久，只為了看圓仔一眼？」

當然，你的目的不是要把孩子考倒，或一定要問出個所以然來，而是秉持著「愛發想」的態度，因為這是好奇心的啟發動力之一。不一定真的需要有所謂的「標準答案」，但你可以嘗試和孩子一起探究，去尋找答案。

秘訣093

知識性問題的回應

關於孩子老愛問：「為什麼？」你可能需要從他提出的不同問題，來決定如何回應他。

有些問題是比較單純，屬於知識性的，例如：前面提及的「媽媽，為什麼圓仔有黑眼圈？」「為什麼鱷魚的身體和牙齒都長得長長的？」「為什麼斑馬的身體有黑的和白的條紋？」「為什麼月亮在天上都不會掉下來？」「為什麼有火車叫阿福號或小夫號呢？」「為什麼便利商店的草莓霜淇淋要趕快吃，不然會融化？」

關於這些知識性問題，縱使你已經知道答案了，倒也不必馬上就直接給予孩子答案。你可以詢問孩子：**「咦？你為什麼想要問這個問題呢？」**從中了解孩子探詢的動機是什麼，以及孩子所關注的細節。

你也可以告訴孩子：「媽媽也很好奇耶！我們一起來翻翻動物百科圖鑑，或一起上網查一查吧！」在這當中，你主要的任務在於「引導」孩子如何進行尋找答案的過程，也就是說，翻書、上網可以放手讓孩子來做。

祕訣094

同理心問題的回應

有時你會遇到孩子詢問的是與人有關的問題。例如：「媽媽，為什麼那個大哥哥都已經比我大了，還不會走路，那麼懶惰地坐在椅子上讓人家推著走？」面對孩子如此懵懵懂懂的問題，在回應時，你可能需要先聚焦在「同理」這件事情上。

「寶貝，我想那個哥哥應該很羨慕你，他也很想像你一樣能夠自由自在地走路。但有些小朋友天生患有腦性麻痺而無法走路，需要一些輔助的工具。哥哥坐的那一台叫輪椅，因為他沒辦法自己行動，所以需要後面的阿姨幫忙協助。」

在與人有關的議題上，讓孩子能夠從表面的觀察，慢慢了解背後所要傳達的訊息。同時**練習換位思考，來開啟同理與了解的那扇門**。

「所以你想想，如果今天你腳不小心受傷，住院開刀，但你又好想去花園散步逛逛，很自然地，你可能也需要像哥哥的那台輪椅，而媽媽也會在後面推著你。那種想走但不能走的心情，你猜會是什麼？」

「傷心、難過、無奈、怨恨、無助、沮喪、生氣……」也許孩子會試著說出各種不同的感受。

祕訣095 以孩子的角度看待事物

有時，年幼的孩子可能會問出讓你不置可否的問題。例如：「爸爸，為什麼火車會在天空飛？」這時，你千萬別回答：「哎喲，那只是書裡面的故事啦！是媽媽讀給你聽的幾米繪本《星空》裡的『星光號』飛天火車啦！火車哪裡會飛？在天空飛的是飛機啦！」

如果孩子繼續向你發問：「可是宜蘭不是有火車在天空飛嗎？」你可別潑了好奇心冷水，煞風景地回應：「拜託，那是假的啦！是車廂高掛在鐵樹森林上面，又不會動。你還當真？」

請試著以孩子的角度來看他的提問。沒錯，你說的是「事實」，但這種太過理性現實的回應，會讓孩子好不容易浮現的好奇心，瞬間就被你澆熄。或許你可以嘗試聽聽孩子對於在天空飛的火車有什麼看法，也許還能聽到他的一些有意思的想法喲。而且，誰說在未來的某一天不會真的出現「星光號」飛天火車？因為好奇，或許夢想就會實現。

祕訣096

鼓勵孩子自問自答

會發問，有時比會回答還重要，特別是當孩子問了很關鍵的問題時。當你讓孩子閱讀了一篇文章、一本書或看了一場電影時，**與其由你出問題來問孩子，倒不如由孩子自己出問題來問自己。**「引導孩子練習自問自答」，這是我在許多演講場合與聽眾分享的想法。

為什麼自問自答對於孩子的學習如此重要？

有時，孩子會問出「好」問題。什麼是好問題？當這個問題切中了文章、書或電影的核心，或者當孩子的自問自答回應了這個問題，而使他對於所接觸的學習內容（文章、書或電影）的掌握更加明確，這就是一個好問題。

以日本吉卜力工作室製作的動畫電影《借物少女艾莉緹》為例，孩子看完了這部動畫後，可以開始進行腦力激盪的提問。

【問題A】請問艾莉緹的年齡是幾歲？身高是幾公分？

【問題B】請問偷與借，當中的界線怎麼區分？

就這兩個問題來比較，B的提問與回應更有助於了解這部電影所要傳達的訊息。例如，親子彼此可能會討論出：「偷與借，是否人類說了就算？人類捕魚是否也是向大自然借？如果是借，那什麼時候會還？怎麼還？探採石油是否也算呢？那如果在森林裡採集樹葉、昆蟲當標本，或者在溪谷裡尋找石頭、海邊撿貝殼，這也算借嗎？還是偷？還是說，因為大自然不會說話，我們人類想做什麼就做什麼？」

再看看對於問題A的回應：「十四歲，身高只有十公分的小小借物一族。」這個提問的回答，顯然僅是一些簡單的訊息資料提供而已。

自問自答，是一場需要不斷練習的過程。當孩子問熟了，當孩子慢慢看到事物背後所要傳遞的訊息，你會發現孩子探索問題的能力將進階、升等。

祕訣 097

潘朵拉的盒子

宙斯給了潘朵拉一個神祕的盒子，同時要求她不可以打開。但在好奇心的驅使下，潘朵拉還是偷偷地開啟了盒子。當然，你不需要在盒子裡放上疾病、禍害，而可以轉個彎，改放其他的東西在盒子裡面。

改變潘朵拉盒子的內容，找個有蓋子的鐵盒或紙盒，裡面放入一些東西（任何你想像得到的都可以）。讓孩子猜，讓孩子想：盒子裡到底有什麼東西？在這個猜測的過程中，讓孩子再度感受好奇心到底是怎麼一回事。

請提醒自己是否對於問題常抱持著「反正大家都是這樣」的想法。真是如此嗎？或者，「反正大家都是這樣」只是我們懶得思考的藉口？

請記得，懶得、懶得，就會習慣成自然。如果**懶得思考，好奇心也將就此銷聲匿跡。**

秘訣 098

天馬行空地發問

發問，讓孩子天馬行空地發問。**沒有框架，不預設立場，想到什麼就問什麼，先不去想答案。**讓發問像火山爆發般，甚至於學習ＡＤＨＤ（Attention Deficit Hyperactivity Disorder，注意力缺陷過動症）孩子不設框、具創意的突發奇想。想出各式各樣的怪問題都可以，給孩子時間，像孵蛋般讓問題呈現，再討論。

學習動機第5招

培養興趣

非學不可之培養興趣

興趣，讓孩子主動趨近。興趣，讓孩子燃起樂趣。興趣，讓孩子維持專注。興趣，讓孩子目標踏實。但孩子的興趣是否符合你的意？或孩子一眼望去皆無趣？或孩子的興趣飄來蕩去？這些當然都左右著他的內在學習動機。

其實，現在的父母很有意思，興趣理應是每個人發自內心感到注意的樂趣，並讓人能盡情投入其中。因此，期待孩子的興趣必須要與你的想法或期待一致，這是很突兀的一件事。沒有人喜歡被強迫，更何況是在興趣這件事情上。

有時，面對孩子樂在其中的興趣，往往讓父母上緊發條，戒慎恐懼地擔心孩子花了太多心思與時間在上面，虎視眈眈地隨時檢核是否影響著他的課業學習。父母的態度像品管人員，只要有任何讓他們感覺威脅到課業學習的興趣，往往列入瑕疵品，退貨、拒絕。

當然，你可能也苦惱孩子對於周遭事物沒有感覺，像遊魂般不知所以。或翻來覆去，如晴時多雲偶陣雨般不時交替的興趣，更甚者像花火般瞬時綻放後稍縱即逝。這些都讓學習動機的火苗被澆熄，而讓你傷透腦筋，不知孩子的興趣到底在哪裡。

從興趣開始定位吧！從孩子既有的興趣出發，讓他從中感受到對學習的投入與樂趣。再逐漸以此為圓心，慢慢擴大興趣的半徑，學習的圓將愈畫愈大，愈畫愈夠味。你可以協助孩子滾動興趣的雪球，在動能持續的力量運轉下，珍惜孩子現有的興趣，或共同創造孩子新的興趣，學習的內在動機將自然而然地升起。

提升孩子學習動機的第五個密碼，培養興趣，播種、施肥、除草、灌溉，請預備。

問題十五
當孩子對什麼都沒興趣

「小迅，媽媽今天在捷運站拿到這張ＤＭ，上面有許多課程或營隊都滿有意思的，你看看有沒有想參加的活動。」小迅媽活像主辦單位的行銷專員，殷勤而熱絡地向孩子推廣著琳琅滿目的各種課程，每個活動都看似值得參與，像是可以把整個暑假塞滿、塞爆，激發出孩子的潛在興趣一般。只是，小迅冷冷地回了媽媽一句「沒興趣」，逕自走回房間。

小迅媽不死心。雖然沒做過直銷工作，但是她一股想要讓孩子至少「參與一下」的熱忱不滅。「小迅，你先看看嘛！說不定裡面有一些是你會感興趣的。不看你怎麼知道呢？這上面有烏克麗麗、直排輪、太鼓和律動，你看，連樂高積木課都有耶！你要不要先看看？」說真的，如果是在一兩年前，小迅媽才不會留意到這些活動和課程，因為學校的功課早就把小迅壓得喘不過氣來，當然，也讓做媽媽的她差點焦慮到過度換氣。

她之所以改變做法，倒也不是小迅的在校成績可以應付得好，自己佛心來的，或是股票賺了錢可以恣意揮霍。相反地，孩子的成績還是不理想。但是關於這一點，小迅媽已經努力試著讓自己接受。這些年來她逐漸擔心的是：小迅怎麼開始對許多事情都不感興趣？不只學習動機低落，連情緒也都漸漸處在低落的狀態，這讓做媽媽的很難開心起來。

「小迅，你試試看嘛！不然，媽媽一起上網和你找找看，有沒有什麼好玩的課程我們可以去上，怎麼樣？」小迅媽苦口婆心，賣力地想說服孩子，無奈就是無法燒起孩子興趣的那把火。「唉！我到底該如何是好？」

「就算虛榮也好　貪心也好　最怕你把沉默　當作對我的回答　原來你　什麼都不想要……」小迅媽突然想起張惠妹的歌〈原來你什麼都不要〉裡的這一段，落寞地苦笑著。

培養興趣的祕訣指南

祕訣099

孩子喜愛什麼？

有時，孩子可能也沒有敏感地覺察到自己的興趣在哪裡。當孩子處在茫茫然的時候，或許就輪到你來開啟對孩子的生活觀察了。**在什麼要求都沒有的情況下，你的孩子會主動靠近什麼？接觸什麼？**

如果幸運地讓你發現了，在這當中，你可以明顯注意到他投注的心力、專注的程度，還有持續的時間都相對地久。同時，你也會看見孩子在進行這件事情的過程中，可以感受到好心情。

祕訣
100

低落的情緒

當孩子持續地對周遭事物明顯失去了關注的興趣時，在他漠不關心的態度下，你可能需要特別留意：**孩子的情緒是否長期處於低落狀態？有時，這會是憂鬱情緒的前兆或指標。**

例如：以前只要有同學聊到「神魔之塔」，孩子的眼神總是炯炯發亮，臉上露出欣喜、滿足的微笑，主動趨近、留意訊息、分享討論，有時甚至於愛不釋手。但現在當「神魔之塔」現身，孩子卻反應出「no fu」，一副沒感覺的模樣。眼神渙散，表情黯淡，動作緩慢或不說一語，這時正是孩子低落的情緒在對你喊話。情緒，應該先被呵護與關注。

秘訣101

父母的興趣指南

父母怎麼做，孩子怎麼看。**你的興趣在哪裡？秀給孩子看，和他分享，但不需要勉強孩子和你一樣。**讓孩子發現你是一個有意思的人，生活中總是充滿著不同的興趣。有時當他發現爸媽所感興趣的事物，也有讓他覺得好玩、有意思的地方，他也有可能和你同步。你的興趣是什麼？列表看看，想想哪些可以作為孩子的參考？愈具體愈好。例如：

- 喜歡閱讀推理小說。
- 喜歡歌舞片類型的電影，尤其寶萊塢是最愛。
- 喜歡騎著自行車，在鄉間小路或順著河濱公園徜徉。
- 喜歡聆聽凱文．科恩（Kevin Kern）新世紀音樂（New Age）的鋼琴演奏。
- 喜歡研究不插電的桌遊。
- 喜歡悠閒地拜訪各地的二手書店。

●喜歡品嘗及記錄各夜市的台灣小吃。
●喜歡手作生活中的小玩意。
●喜歡彩繪出賞心悅目的畫作。

祕訣102

來自星星的你，如何燃燒？

想想韓劇《來自星星的你》是如何吸引住你的目光，讓你盡情地投注在偶像劇情節中，是什麼樣的元素在發酵？既然你選擇看了，那麼就試著和孩子一起分享其中的觀看樂趣。無論是討論都敏俊與千頌伊的愛情，或者分享劇中的動人配樂都可以。讓孩子了解有時興趣就近在咫尺，並讓他試著找出眼前這件事情的神祕吸引力。

分享，是一種王道。分享，很單純地分享。**讓孩子看見你對事物的著迷**，有時你的感染力也會讓孩子回饋，願意與你分享。

祕訣103

興趣不設框

先不用擔心孩子的興趣是什麼，只要這個興趣不會是危害別人、傷害自己的不良習慣、違法行為，或者別造成生活習慣混亂都行。其實興趣就像是Yahoo!奇摩拍賣網站的slogan：「什麼都有，什麼都賣，什麼都不奇怪。」沒有人說興趣一定要是什麼，或一定要對什麼感興趣，也不一定非得和誰一樣。**興趣因人而異，先不設框，興趣自然就會跑進來。**（謎之音：雖然你好期待孩子能夠對讀書感興趣。）

祕訣104 好玩的元素

對於孩子的動機誘發來說，「好玩」一直是一項非常關鍵的元素。如果你真的想要讓孩子放棄做那件事，只要不好玩，孩子很容易就絕緣。閱讀好不好玩？當孩子樂在其中，找到了好玩的感覺，這時你大概會放下心，因為孩子的主動性已經自動開啟在「ON」的位置了。

但是，當你把閱讀變成一件不好玩的事，特別是強迫、要求、不求甚解的記憶、背誦、評量、考試時，孩子對於閱讀的印象就差了。當不好玩與閱讀連結在一起，這時想要再度燃燒出孩子對於閱讀的興趣，就需要更耗費心力。有時，愈是不當的要求，以及過度的要求，最後反而會讓孩子與閱讀漸行漸遠，變成「老死不相往來」。

好玩，由誰來決定？雖然好玩與否是很主觀的一種感受，但你**可以試著想想，如何讓眼前的事物變好玩。**

祕訣105 走出教室

要培養孩子的興趣，教室並不是唯一的場所，我甚至鼓勵你多帶孩子走出教室。圍牆之外，人文與自然的事物正繽紛存在著。走出戶外，興趣就在不遠處等待。

學習可以是很活潑的，教學可以是很彈性的。例如：我的孩子二年級的強怡芬老師，在課堂上舉辦了一次《小導遊帶你遊光復》的課程，讓孩子在安全範圍內，以旅行社小導遊的身分練習規劃路線，共同創造、發想有趣的點子，並分組帶領家長認識與探索學校社區與周邊景點。例如：宜蘭設治紀念館、新月廣場、千葉火鍋、花生糖、宜蘭酒廠、護城河與小籠包等。

透過教學巧思，讓孩子在探索課程中更貼近自己的生活，跳脫單純書本內的知識。**透過主動參與，讓學習內容與自己的關係相連結，並激發出更多的興趣與能量。**

問題十六
當孩子只對某些事物感興趣

「哎喲！爸爸，你都不擔心阿玄那孩子整天只顧著研究捷運，會出問題喲！」

「出問題？出什麼問題？阿玄媽，你會不會擔心太多了？」

「我怎麼不擔心？你看，他對興趣這麼『偏食』，難道你不會擔心影響他的學習嗎？」

「學習？阿玄的學習有什麼問題？你沒看到他學習動機那麼強。」

「強是強，但也只強在捷運這件事情上。其他的事物，我看他都沒有感覺。」

「很多專家不也是這樣？熱愛某一項興趣，積極地投入其中，不是很好嗎？如果沒有那些對捷運感興趣的專家投入，說不定我們今天也沒有捷運可以坐，你到淡水還是只能一條路塞、塞、塞。」

「拜託，你扯到哪裡去了？難道你巴不得阿玄以後去捷運公司上班？」

「這也不錯啊！」面對苦著一張臉的太太，阿玄爸笑著回答。

「你不要開玩笑，我是很認真地在想這個問題。畢竟孩子小時候如果太專注在某些特定的興趣上，就像偏食一樣，我很擔心他在學習上會出現營養不良的問題，這會妨礙他成長的。」

「好啦！阿玄媽，我也不跟你開玩笑。其實，我們可以多給阿玄一點時間，畢竟他現在對捷運感到興趣，一股熱情投入在其中。這也可以讓他體驗學習的內在動機究竟是怎麼一回事。而且他現在才小學二年級，我們可以慢慢從捷運延伸到其他的話題，讓他慢慢對其他的主題感興趣。你就把他現在對於捷運的著迷，當作是興趣的起點。未來的所有動機就從這裡發動，不是很好嗎？」

聽先生這麼說，阿玄媽像是服了定心丸，只是這安心的藥效能夠維持多久，她自己也不知道。不過，原本焦躁的情緒倒是安心了許多。

培養興趣的祕訣指南

祕訣106

學習也會偏食？

面對學習的偏食，就如同遇見孩子飲食上的偏食一樣。先別急著抱怨、嘮叨、指責、批評、數落。**接納眼前偏食的存在，親子溝通的大門也許就此開啟。**

你可以展現出你的求知欲望。例如：「寶貝，媽媽好想知道卡滋爆米花，特別是草莓煉乳蘑菇球爆米花吸引你的是哪一點？為什麼你只愛吃這個口味？」「寶貝，爸爸很好奇捷運北投—象山線怎麼讓你那麼感興趣？竟然從什麼R5到R26的站名你都會背。」

聽聽孩子怎麼說，或許你可以有機會深入他學習興趣的快樂園地。

祕訣107 尋找替代的興趣

就像孩子偏食而特別愛吃紅蘿蔔，或是不吃茄子一樣，對於興趣的「偏食」，在解讀上也可能有著不同的看法。如果只是單純不吃茄子，應該還有其他可以替代的蔬菜。茄子富含維生素P，特別存在於表皮和茄肉之間。那就試著尋找也富含維生素P的食物，例如：檸檬、葡萄柚、蕎麥、棗、櫻桃等來替代。

學習的道理也類似。**如果孩子對於某些事物的學習不感興趣，不妨先判斷他是否一定要接觸這項事物**。例如：孩子對於彈鋼琴就是沒感覺，也沒有規定小孩就一定要學鋼琴，這時，或許可以尋求其他的音樂或樂器彈奏來替代，例如：小提琴、大提琴或烏克麗麗，或者能夠欣賞古典音樂、流行歌曲都行。

祕訣108

換個方式感興趣

當然，有的孩子對於茄子沒興趣，可能是緣於料理茄子的方式。例如：孩子不喜歡炒，那就試著改成燒、煎、蒸、拌；不愛魚香茄子，就改上一道蒜泥拌茄子、醬爆茄子或肉片燒茄子。**這需要動腦，需要你願意試著去體驗**，如果你覺得「茄子」非吃不可的話。就像彈鋼琴不見得都要彈奏古典曲目，如果孩子本身愛彈，或者你認為孩子可以在這項興趣發揮，那麼不妨考慮換一點流行的味道試試。

祕訣109

興趣的拓展與延伸

如果你的孩子太早便只專注於某一件事情，怎麼辦？當你的孩子將大量心思投入在對捷運的興趣上時，或許你可以從他感興趣的捷運「北投—象山線」，慢慢進行話題的延伸與興趣的拓展。例如：「寶貝，你幫爸爸查查看，要去信義路、永康街口的鼎泰豐，到底要在哪一站下車？是捷運東門站，還是大安森林公園站？」

先讓孩子來幫你回答問題。隨後，你再順勢將話題轉往「鼎泰豐」，不著痕跡地從捷運轉至美食的話題。例如：「寶貝，你知道那個鼎鼎有名的鼎泰豐小籠包是多麼地絕頂美味。而且爸爸和你說喲，它光是小籠包就有好多種選擇，像是小籠包、蟹粉小籠包、雞肉小籠包、絲瓜蝦仁小籠包、松露小籠包、小籠湯包等。當然，那裡還有許多的美食可以選擇喲。」仔細留意你孩子的反應與回應。

試著開啟孩子對於其他話題的興趣，或許一開始他不感興趣，但試著讓他愛屋及烏，從喜歡的捷運，拓展到與捷運沾上邊的話題都行。當然，以上的話題不侷限在小籠包等美食路線。其他諸如從「中正紀念堂站」聊到「紙貓熊裝置藝術展」，和孩子分享如何透過一千六百隻紙貓熊，一同守護瀕臨絕種的野生動物；再將話題拓展至瀕臨絕種的野生動物，甚至於從紙貓熊走過的城市，讓話題繼續延伸至巴黎、柏林、漢堡、羅馬等觸角。

一步一步來，一站一站來，以此類推。你將發現，原來興趣與話題的拓展和延伸可以如此無限。

祕訣110

強迫的代價

當孩子關於學習的樂趣被破壞了，特別是被迫學習超出他的能力、興趣等事物時，在過程當中，焦慮、浮躁的情緒往往油然而生，因而會逐漸衍生出孩子害怕上學、拒絕上學，甚至對於「學習」更加排斥的情況。

你可能會質疑不強迫孩子，他會願意並且主動去學習嗎？

我們多少都有類似的經驗：一件事情第一次被強迫而勉強做了；第二次被強迫而勉強做了；當第三次被強迫時，開始心生抗拒；第四次、第五次，當接連被強迫時，索性選擇逃避，不願意再去碰觸。

強迫學習是招險棋，小心壞了孩子的學習興趣與動機。

問題十七
當孩子只愛讀課外書

「晴芯，你別老是在那邊淨看一些有的沒的，多把一些時間拿去算數學、念英文，或者唐詩、宋詞多背一背，這樣考試前不是比較輕鬆嗎？」

「我現在就已經很輕鬆了啊！而且我跟你說，阿姨送給我的那一套《丁丁歷險記》真的很好看喲！全套二十二本，我都已經看完兩遍了。」晴芯很有成就感地跟媽媽分享。

「我沒有說《丁丁歷險記》不好看，不然小阿姨也不會送給你。只是看一遍也就差不多了，多些時間把心思放在功課上，這樣不是也很好嗎？更何況，你不覺得自己的成績還有待加強？早知道，就叫你小阿姨先不要把書拿過來。」

「拜託，這書很好看，比學校裡的那些康軒、南一、翰林什麼碗糕的課本有趣多了。媽媽，你千萬不要亂來喔！」晴芯有些激動地說著。

「晴芯，看書當然是很好，不然爸爸媽媽之前也不會買那麼多課外讀物給你。你看，單單《閱讀１２３》系列就買了多少本？還有那個什麼《黑貓魯道夫》系列、《用點心學校》系列，還有一堆什麼《尋寶記》系列的。這樣你還看不夠？我只是希望你把一些時間優先用在重要的課本上，這些課外書有時間再看。」

「媽媽，重要是你認為的，不然你自己去看。我認為重要的地方跟你不一樣，每個人的興趣本來都不同，你幹嘛管人家？」晴芯有些不服氣地抱怨著。

正如同晴芯常質疑的一句話：「為什麼書就書，還分什麼課內、課外？」說真的，晴芯媽心裡是有些矛盾。

孩子愛閱讀當然是好事，甚至是許多父母求之不得的。但是她總覺得有些怪怪的，或許是一種對未來的不安吧！

晴芯媽的想法就像大多數的父母一樣，認為孩子先把校內的功課安頓好，不是比較安心嗎？

培養興趣的祕訣指南

祕訣111 這是個問題嗎？
祕訣112 閱讀的調配
祕訣113 吸引孩子的元素
祕訣114 課內、課外相親相愛
祕訣115 跳脫狹隘的觀點

祕訣111 這是個問題嗎？

若你真的對某些特定的事物開始產生興趣，為什麼你不選擇繼續下去呢？特別是，當孩子在課外讀物的閱讀上，明顯展現出大能量的興趣，這時何樂而不為呢？

你在擔心什麼？

或許你在擔心孩子對於時間的分配與運用，或許你在煩惱課外書是否會鳩占鵲巢（謎之音：到底誰是鳩？誰是鵲？），讓孩子花費太多心思在那些書本上。然而，你真的期待孩子被餵養的知識，僅僅來自於康軒、部編、南一、翰林等教科書嗎？當然，這也不應該用二分法來看，而是比重的問題。但是，由誰來決定其中閱讀量、閱讀方向，以及閱讀內容的比重？**不要忘了，在閱讀的人還是孩子。**

祕訣 112

閱讀的調配

當然，既然「當孩子只愛讀課外書」成為一個問題，就表示許多父母還是深陷於閱讀的兩難中。因為當親子雙方對於閱讀的態度不一致時，很容易因此產生口角與紛爭。

在閱讀的調配上，或許可以從幾個角度進行思考。一個是：如果課業學習是基本款的話──也就是說，對於身負「學生」身分的孩子，你認為他應該謹守住該有的任務，維持學校課業在應有的水平上（只要這水平是合理的，孩子可以完成的）。那麼，在課內與課外之間的拿捏，或許就可以依「把該做的事做好」的原則。例如：完成上述該有的學習表現後，孩子課外閱讀的其他權限，就無條件釋放給他自行調配使用。**請尊重孩子的閱讀品味。**

當然，如果上述的前提孩子沒有達到，學業表現不盡理想，但是仍然喜好閱讀課外讀物。這時，就要來思考「不理想」的背後，除了常聽孩子抱怨的很無聊、沒興趣等回應，是否也存在著其他待調整的事項。

例如：孩子沒有把心思放在這上面，或孩子在課業學習的理解上遇到瓶頸，或者有些課本裡的概念需要加強等。這時就需要從這方面著手，協助孩子一起解決。

祕訣113

吸引孩子的元素

一本書會引起孩子主動去閱讀，一定存在著它的魔力與魅力，我想這也是一位作者非常樂見與期待的美事。**課外書的吸引力到底在哪裡？聽孩子說說看吧！**試著從中找出燃起孩子興趣的動機燃點。例如：

- 故事內容非常曲折離奇，扣人心弦。
- 繪本裡的插畫圖案、色彩與風格，讓自己看了感到心裡非常舒服。

●文章的內容與自己的生命經驗非常貼切，就像是在訴說自己的故事一般。
●書裡所介紹的地方總是令人嚮往。閉上眼，在腦海裡就像正在環遊世界一樣。
●書裡的漫畫，讓自己一看就能夠懂得以前覺得枯燥乏味的歷史，甚至於開始喜愛歷史。

試著去了解為什麼這些課外讀物可以拉近與孩子的距離，而不是一味地否定、限制。我常常在想，教科書是否也可以達到如此的作用。還是因為分數、考試、作業、評量，以及老師的授課方法，讓這些所謂的「課內書」無趣了？

祕訣114

課內、課外相親相愛

其實課內與課外，有時不需要如此涇渭分明。或許該這麼說：課外惹孩子愛，但課內父母較自在。然而，課內與課外閱讀是否可以相親相愛？其實也並非不可能。有時，課外閱讀對於課內的閱讀，甚至還有加乘的作用。

你可以這麼思考，透過課外的大量閱讀，不也擴展了孩子的知識與視野，甚至於加快了孩子閱讀的速度及理解的能力。同時，維繫住這股閱讀的火苗，再慢慢延伸至課內也是有可能的，只要你願意肯定課外閱讀這件事。

接納孩子對於課外閱讀的喜愛，同時也可以讓孩子想想，如何將課外閱讀的功力加諸在課內閱讀上。例如：若孩子喜愛閱讀《尋寶記》這一系列的課外書，像是《瑞典尋寶記》、《芬蘭尋寶記》、《波蘭尋寶記》、《祕魯尋寶記》、《南非尋寶記》、《美索不達米亞尋寶記》或《義大利尋寶記》等知識學習漫畫，這時，不妨鼓勵孩子思考，如何將所吸收到的課外知識，回饋到課內的史地內容上。

祕訣 115

跳脫狹隘的觀點

如果你在乎的是孩子閱讀動機的提升，那麼奉勸你，真的不要那麼狹隘地只關心課內閱讀，或僅限制在課內閱讀的範圍（雖然你對於「分數」可能還是相當在意）。想想這些課外閱讀的養分，它甚至**可能對孩子現在的興趣、未來的知識經驗，都有著深遠的影響！**

課內、課外，到底該怎麼做？只要你願意暫停下來想一想，答案應該不陌生。

問題十八
當孩子的興趣換來換去

「媽媽，我可不可以買昆蟲盒？我想養獨角仙。我有很多同學都在養喲！」

「養獨角仙？你不要忘了，你兩個禮拜前才吵著要養什麼？楓葉鼠耶！還好我上回沒答應你，不然那隻老鼠最後還不是我在養。」阿藤媽語氣堅定地說著。

「可是我有興趣啊！我想要研究昆蟲，我們自然科學教室裡也有養喲！」

「興趣？我當然知道你有興趣，但你的興趣都給我維持多久？買了地球儀，你多久看一次？牆上的那把烏克麗麗呢？繳了錢，你只給我上了兩次就不去。直排輪呢？有溜嗎？對了，還有跆拳道，你給我去上過幾次課？學了幾招？興趣？能當飯吃嗎？」

阿藤媽說到這裡，突然覺得肚子裡一把火，因為單單為了順應孩子所謂的興趣，就不知道花了多少冤枉錢。「像個無底洞」，阿藤媽曾經如此形容著。

「可是我這次真的對昆蟲有興趣，而且上課的時候也會教到。」阿藤露出渴望的眼神，苦苦哀求著。

「有興趣很好，那就看著課本好好學。養獨角仙，免談，等你這個善變的壞習慣改了再說。」阿藤媽這回吃了秤砣鐵了心，決定不讓步。

只不過，她心中多少有些疑慮：

「孩子難得對於周遭的事物都感興趣，這也算是好事。但蜻蜓點水式的興趣，總是一換再換，船過水無痕，真的令人很苦惱。」

到底該如何讓阿藤的興趣之火持續燃燒？媽媽心中一直沒有個譜。

培養興趣的祕訣指南

祕訣116

換來換去的訊息

當你發現孩子的興趣三天兩頭換來換去，總是無法維持及專注在特定的興趣上時，你可能要思考：**是孩子一直無法在所接觸的事物中找到樂趣所在？還是孩子缺乏**

目標性，或是在專注力的持續上需要被協助？

孩子經常換興趣的現象，就像吃蛋糕，只是蜻蜓點水式地品嘗上層的奶油、巧克力、焦糖和水果，或者只玩弄上面的裝飾物，而少了細細品味整塊蛋糕香醇濃郁、輕柔鬆軟的好滋味，更忽略了蛋糕內層的什錦水果、雞蛋布丁或芋泥餡。這時，孩子對於蛋糕就少了熟悉、喜愛的機會。在注意力缺陷的孩子身上，往往容易遇見這種現象。

當然，有些缺乏目標性的孩子，面對眼前的活動或事物，也會茫然地不知道做這些事情要幹嘛，這種情形特別容易出現在「被迫參加」的活動上。例如：當你如同要塞滿行事曆般，為孩子安排這個、安排那個，面對一波波由他人決定的活動，像是珠心算或圍棋、空手道或跆拳道、鋼琴或小提琴、繪畫或手作、科學實驗或英文會話等，如果孩子只是被迫接受這些活動，而沒思考過自己的胃口或喜好，也不知道做這些事情的目的何在，當然很難繼續維持下去。

祕訣 117

展期限定

或許你會疑惑：「可是這些換來換去的活動，都是孩子主動說要的，我可沒逼他啊！」遇到這樣的情況時，建議你**每進行一項活動時，都和孩子事先約定「展期」的限定**。如同展覽一樣，至少在該時段內，孩子只能繼續進行該項活動。展期未到，禁止安排新的活動。

祕訣118 參與的初衷

當然，在採取時間限定的過程中，如何持續引導孩子找到或維持自己參與的初衷，這是親子彼此可以共同努力的地方。例如，孩子最初要求參加跆拳道時說：

「媽媽，我好想練跆拳喲！因為這樣手腳比較俐落，有架式，在學校，同學比較不敢欺負我。」

「爸爸，你知道會跆拳的人看起來都好威喲！我也好想練練膽子。」

「媽媽，我的好麻吉放學後都有去練跆拳，我也好想去和他們踢一踢。」

你會發現每個孩子最原始的初衷都不盡相同。

當孩子欲放棄眼前的興趣時，是否他已經達到或完成了最初的期待？如果沒有，聽聽孩子怎麼說？

祕訣 119

放棄的理由

除了決定讓孩子參與某些活動時，傾聽他最初欲參與的動機與目的之外，當孩子接觸了一陣子之後開始意興闌珊，或目光飄移到其他興趣上時，**也要請他具體地向你說出放棄的理由**，先不和他轉移話題到下一個活動上。請他愈具體說明愈好，雖然你得到的答案可能是「不好玩」、「好無聊」，對於這些原因請先不受理。如果孩子一直說不出理由，這又告訴了我們什麼呢？

祕訣 120

追根究柢

假如孩子不停在「不好玩」、「好無聊」的藉口上環繞，這時你就得發揮追根究柢的精神，發問：「不好玩在哪裡？」「無聊在哪裡？」**打破砂鍋問到底，協助孩子練習正視自己所遇見的問題，及了解所接觸事情的本質。**

例如，孩子可能回你說：「就是在那邊踢來踢去啊！」「吼，那種道服看起來醜斃了！」「拜託，很累人好不好？」

但你不能接受他既有的答案而就此打住。請繼續探究，讓孩子有機會往內探視。

「我原本以為可以很快就和同學打來打去，或學一些新的招式，至少到學校也可以嚇一嚇同學，免得我們班上那個『胖虎』老是愛捉弄我、欺負我。」

「哎喲！我就是不喜歡那件衣服的顏色嘛！單調死了。而且我一直到現在都還是綁白帶，我看其他人的腰帶都有不同的顏色，至少也有黃、紅、藍，我還看過有人是黑色的耶！每次道館的小朋友都看著我的白色帶子在笑。」

「喔！拜託，一直練習基本步法、手的攻擊和防禦很累人的耶！一個姿勢幹嘛要練那麼久？一直在重複做這些動作，無聊死了。」

繼續問，繼續往內深究，你會發現一些事情的原由。

祕訣121 找出三分鐘熱度的bug

從繼續往內探視、深究的過程中，逐漸地，**與孩子一起找出每回更換興趣的核心點，是否有共同的交集或待改善的問題癥結**，像是三分鐘熱度的bug。

例如：有些孩子非常不耐做重複性的動作，或是被要求，甚至於注意力持續性短暫、渙散、情緒容易浮躁等。注意孩子的這種現象是否不只出現在空手道或跆拳道上，其他諸如溜蛇板或直排輪，或者參與鋼琴、小提琴、烏克麗麗、二胡、古箏等音樂彈奏等活動，是否都出現說換就換的情況。

祕訣 122

解決問題的核心

如果很幸運地，親子之間找到了興趣換來換去的問題核心，**這時要做的可能不是尋找下一個興趣，而是該針對問題尋求解決之道。**例如：孩子是否因為注意力缺陷的關係，導致分心、渙散、注意力持續短暫、容易被不相關的刺激所吸引等。

這時，你可以嘗試在活動中採取分段的方式，例如原先以一個小時為練習單位，調整成每十五分鐘、每三十分鐘。這部分視不同的孩子而有所差異。同時，適時給予具體回饋，縱使只是細微的表現也可以。讓孩子看見自己在每一個分段中所維持的好表現，將有助於孩子繼續在該活動中，找到屬於自己的樂趣與自信。

接著，重複，再重複。因為「重複」是許多事物要熟練的最基本原則。就如同「一萬個小時法則」一樣，有些事，沒經過那一萬個小時的淬鍊，是很難精進與專業的。

學習動機第6招

提升自信心

非學不可之提升自信心

自信，總是能夠讓孩子自發性地接觸眼前的事物。因為自信，孩子能夠預期有機會在過程中，遇見自己有能力的感覺。這種感覺總是讓孩子在學習動機上蓄飽電，有著一股「我可以」、「我相信」、「我做得到」的動力推進著。

在學習的自信上，孩子如何看待眼前的事物與經驗，也決定著他如何評價自己解決問題的能力。因為可控制，看見正向的能量在學習過程中醞釀，學習的內在動機也就呼之欲出。

學習需要成功的經驗來回饋，雖然失敗是一個相當自然且重要的過程，但是面對眼前的學習事物，還是要讓孩子有那一股可能成功的信念。否則門檻拉高了，想要跨越就有所困難。這時，已經不只是抱怨好困難、害怕挫折與失敗的問題了，有時甚至於連面對輕而易舉的關卡，孩子都容易選擇放棄。

自信心，某種程度反映著孩子如何選擇看待自己的方式。而這樣的看待，往往也決定於你是選擇看見孩子有的（例如九十七分），還是少的（例如被扣掉的三分）。

自信心是需要被呵護，是需要被培養的。運用負向語言的激將法，對於自信心的提升作用並不大，反而會令人擔心對於孩子造成反效果。不是孩子不能被要求，但是否需要過度要求則有待商榷。

引導孩子練習以合理與正向的方式來看待自己眼前的事物吧！語言的力量有時是相當強大的，特別是來自於自我的對話。你的一句支持的話語，或孩子對自我的信任對話，都會讓自己更有勇氣面對這些挑戰。

提升孩子學習動機的第六個密碼，就是透過正向思考，讓自信心升等、儲值和加碼。

問題十九
當孩子抱怨好難

「媽媽，這題到底怎麼算啦！什麼男性11630216人，女性11456225人，算出二〇〇九年九月底台灣的人口總數。好難喲，數字那麼多。媽媽，你快來啦！」明鴻用筆敲著桌面，嘴巴不時催促著在廚房裡的媽媽。

「金星與太陽距離約為一億八百二十萬公里，地球與太陽的距離約為一億四千九百六十萬公里。那一段距離……」題目還沒讀完，明鴻又開始叫嚷著：「怎麼都是這種題目啦！吼，媽媽，你快一點來啦！」

受不了孩子的聲聲催促，明鴻媽暫時把瓦斯轉至小火，讓雞湯繼續加溫著。

「哪有什麼難不難？這些不都是課本裡的例題嗎？有自信一點嘛！哪能每次遇到困難

就大聲嚷著叫媽媽？那如果在學校怎麼辦？」

「出這什麼爛題目，數字那麼多，媽媽，我可不可以拿計算機來算？」

「計算機？拜託，明鴻，你有沒有搞錯，這個單元〈大數的加減〉，就是要訓練你們小朋友對於大數目字的概念與運算能力，哪能用什麼計算機？」

「拜託，不然計算機要做什麼用？不就是要拿來計算大的數目，免得計算錯誤？」明鴻理直氣壯地說著。

「你以為自己是大老闆在做生意喲？是沒錯，數字太大的話，用計算機來運算是比較保險。但是有沒有搞錯啊？你現在可是在練習數學耶！哪能只是因為抱怨太難，就偷懶想要取巧。」

對於媽媽的數落，明鴻顯得不以為然。當然，媽媽也沒有因此就妥協，並未把計算機交給他。明鴻嘴巴繼續碎碎念著，寫作業的速度依然緩慢。

其實，媽媽心中也一直在為明鴻的事情煩惱著：

「這孩子怎麼老是愛抱怨，自信心那麼差？難怪和姊姊比較起來，學習動機也明顯有差別。哎呀！到底該怎麼辦呢？」

提升自信心的祕訣指南

祕訣123

「難」這個字

有些話像糖衣一般，讓孩子只從字面去感覺，而忽略了這個字、那些話對於自己的影響會是什麼？就以「難」這個字來說，當孩子老是抱怨好難時，不妨試著引導孩子去思考「到底難在哪裡？」**讓孩子練習具體地說出他真正的難處**。

例如：「兆、億的數字好大，常常都會很容易數錯到底有幾個０。」這時你可以協助孩子解決的是，如何仔細地一一去數有多少０，或每三個０底下畫一條線區隔。這裡要練習的是找出「難」的癥結點是什麼，並一起和孩子進行問題解決。

否則只是一味地抱怨「好難」，不知不覺，題目也就不看了，腦筋也不再思考了。嗯，最後果然自己被說服了，的確很難。

祕訣
124

如何看待能力？

想像眼前有著兩副眼鏡，一副度數適中，能夠清楚地看見自己的能力；一副則是度數不夠，老是看不清眼前的事物。這時，孩子會選擇哪一副眼鏡來戴，也就決定著他會看到怎樣的自己。

當一句「好難」出現時，是否也讓孩子閉上了眼，看不見自己的能力？縱使他不見得真的做不到，但是這句參雜了毒素的負向話語，卻有可能在孩子一次一次使用後，讓他看不見自己本來所具備的能力。

請別輕忽某些字眼的負向威力，它總是在你不知不覺中，侵蝕著你的自信心。

祕訣125

最容易解決的事

當孩子習慣以抱怨看待事情時，或許你可以試著轉個彎，跳脫他老是對「太難」這件事的注意。例如可以改口問：「你認為數學最容易的單元是什麼？」「你認為最容易完成的作業是什麼？」

孩子拋回來的答案可能會像「都沒有容易的單元」、「反正數學就是很難」等，以偏概全或二分的反應。

這時，請沉住氣。試著以二選一的方式，縮小範圍讓孩子自我評價、做決定。例如發問：「明鴻，你覺得大數的加減和四捨五入法，哪個單元比較容易？」「你認為乘法的作業比較容易完成，還是整數的四則運算比較容易？」

慢慢讓孩子覺得有些事是相對容易或相對難，同時，慢慢轉移他的注意力到他自己有能力可以完成，進而覺得容易的部分。**要提升自信心，需要孩子慢慢練習轉彎**

去看見自己的好。

祕訣126

看見「難」字傳達出的訊息

有時在孩子的「沒自信心」中，或許傳達著其他的訊息，等待我們去聆聽——聽聽看，在這個「難」字後面，孩子想要告訴我們什麼？或許是孩子的數學概念真的遇到瓶頸，對於該單元缺乏基本解題能力。或許是孩子的專注力有著生理上的障礙，使他在面對作業時，總是難以維持該有的專注力或持續性。

請提醒自己，當孩子抱怨難，不表示他就是不愛思考或是懶。**有時我們不假思索便直覺反應，也很容易誤解孩子，同時陷入自以為是的陷阱而不自知，反而可能錯過孩子所發出的求救訊息。**

例如：當孩子對於數學符號的閱讀理解出現困難，每回只要遇見數學考試、評量或作業，就很容易脫口抱怨太難。這時，如果沒試著揭開「難」字，看見其背後所傳達的訊息，便會一直忽略孩子在數學符號上的閱讀理解問題。於是，只要遇上數學，便會逐漸消磨孩子的自信心，學習動機也很容易因此熄滅。

祕訣127

示範與演練

當孩子容易抱怨難，其實也提醒了我們在日常生活中可以多示範。**但請記得是示範，而不是直接告訴他答案。**你的示範，讓孩子有所遵循。當然在示範之後，就該是輪到孩子登場演練的時候。

例如：可以嘗試以孩子能夠理解的方式讓他懂。像是運用圖示、實物操作、角色扮演、電腦輔助教學、影片說明等，向孩子示範及解說。隨後可以分段進行，放手讓孩子做做看。

在示範、演練不斷地交錯下，多少能夠燃燒出孩子做的能力。這時，「難」這個字也會漸漸地被軟化。做著、想著、想著、做著，或許就不覺得難了。

祕訣128

侵蝕自我的概念

在孩子的自我概念形成過程中，有著不同的元素組合，讓他形成對於自己的看法。這些元素包括：外表（例如：身高、體重、長相等）、興趣、同儕關係（例如：

認識優秀的同學或有影響力的朋友），以及自我的能力等。

當「難」這個字不斷地灌輸到腦海裡時，自我能力的肯定也會漸漸被侵蝕。於是自我概念愈來愈薄弱，自我效能的感覺也就愈來愈差。**信心低落了，學習的內在動機也耗損了。**

這也是我一直在強調的，負向語言是如何侵蝕著自信心與弱化自我概念，讓自己愈來愈不滿意自己、不接納自己，特別是在學習這件事情上。

祕訣129

抱怨俱樂部

當孩子老愛抱怨「好難喲」時，面對耗損自我的這句話，請你先停下來思考：**「我們在家裡是否也都容易脫口說出『好難』？」**

語言是很容易相互影響的，特別是帶著毒素的話語更容易受到對方的傳染。大人怎麼說，孩子怎麼學。電視怎麼看，孩子怎麼學。當然，你也可能需要留意在孩子的同儕之間，是否也物以類聚地出現了「抱怨俱樂部」。

你也可以協助孩子追溯「難」這個字的源頭，是從何而來。如果發現自己是始作俑者，是「好難」這句抱怨的黑水源頭，就請先從自己的身教開始做起，讓語言的河流在上游維持清澈。

抱怨俱樂部，多聚無益，解散也罷。

祕訣130

假如真的很難

假如事情真的很難，難道孩子不能抱怨說難嗎？倒也不是如此。如果眼前的挑戰真的很難，遠超過孩子能力所及的範圍，這時不只孩子有必要反映出「很難」，甚至於是否該選擇放棄，或重新調整難度也是一種思考。

如果孩子所面對的難度似乎有解決的機會，在反映「好難」之後，或許可以引導孩子接著以較為正向的話語回饋給自己。例如：「這一題真的好難喲！但我願意嘗試這個新題型看看，說不定能夠解套，算出答案來。」

嘗試，永遠是面對「難」這件事的好推手。

問題二十
當孩子害怕失敗

「小易爸，你有沒有發現小易這孩子總是顯得畏畏縮縮的？人家一般孩子敢去嘗試的經驗，我們小易好像就少了一股勇氣。你看他，每次只要和學習沾上一點邊，他就會選擇靠邊站，連嘗試的動機都沒有，怎麼會這樣子呢？有時候，甚至連很簡單的一件生活小事，就像倒開水好了，也一直要我幫忙倒。他說什麼：『我會倒得滿出來啦！媽媽，你快來幫我啦！會滿出來啦！』重點是，他連碰都還沒碰到。我看這孩子都是被你的大嗓門給嚇壞了，真是的。你也別老是愛叨念他，數落他。」小易媽向先生抱怨。

「你是在怪我平時對小易太凶、太嚴？」小易爸語氣中帶著質疑。「拜託，男孩子如果不去要求他，你不覺得會少了一點男子氣概？這對他的成長可不是好事。我看是他把你吃定了，遇到我，他鐵定不敢。所以你也別心軟了，反而害了他。」小易爸說完，吐了一口煙。

尼古丁的味道讓小易媽覺得很厭惡，特別是剛剛那一句「你也別心軟了，反而害了他」，更讓她感到忿忿不平。

「難道你不覺得自己在要求小易的模樣，就像在帶兵一樣？只要有一點小錯，老是劈頭就大罵。像這種軍事化的要求，你不覺得總是在挫傷孩子的自信？難道你真以為這麼嚴厲的要求有達到你想要的效果？我看反而出現了反效果，你不知道小易現在的學習動機有多低落。這孩子害怕失敗，你應該是知道的。前幾天，他還在跟我說『不做不錯，少做少錯』。所以，你真的覺得自己的管教方式沒有錯？難道小易害怕失敗、不敢嘗試，你真的不覺得該負起改變的責任嗎？」小易媽激動地說著。

面對太太突如其來的強硬，小易爸頓時有些語塞。因為在他的經驗中，太太總是唯命是從，不敢違逆自己的想法，更別說是反駁或頂撞了。但這一回，他發現老婆似乎按捺不住對兒子的擔心，一波波激動的情緒浪潮瞬時湧上，讓自己有些招架不住。

「難道現在的孩子就那麼脆弱？只是大聲吆喝，說一說，就擔心害怕成這樣子？」小易爸仍然不覺得自己有什麼錯，當然也沒什麼好改過的。

提升自信心的祕訣指南

祕訣131 為什麼孩子不敢嘗試錯誤？
祕訣132 不會遇見我的脆弱
祕訣133 面對錯誤，微笑以對
祕訣134 我是魯蛇（Loser）
祕訣135 強壓的反作用力
祕訣136 沒經歷失敗就成功，可能嗎？
祕訣137 想像的控制
祕訣138 走鋼索的人

秘訣131

為什麼孩子不敢嘗試錯誤？

關於這一點，與其詢問孩子原因是什麼，倒不如回頭思考這一路走來，**孩子在成長過程中經歷錯誤時，為人父母或老師的反應是什麼？**

「不對喲！你這一題這樣算不對喲！怎麼連這麼簡單的題目都不會，你到底有沒有在認真？」

「不行！不行！你不要把沙拉油當成沙拉脫倒在碗裡面洗。怎麼連沙拉油和沙拉脫都分不清？」

「我警告你，這回考試如果再有錯，小心一題打一下。不然你試試看，還不給我認真點！」

你會發現，在孩子犯了錯或嘗試錯誤的過程中，你很直覺地會反應出不耐、不屑、不以為然、質疑、嘲諷或威嚇等。可以想像，每回的錯，如果都直接連結到這些負向的情緒反應，當孩子走在這條「錯誤」的街上時，自然會戒慎恐懼，以免遭受池魚之殃或被橫衝直撞地傷到。因此，有時索性乾脆不走了，停在原地。

在學習這條路上，你還要讓孩子繼續害怕面對錯誤嗎？

秘訣132

不會遇見我的脆弱

不嘗試，以消極反抗的方式來面對錯誤，對於某些孩子來說，這是他在壓力下「不得不」的一種生存方式。**當孩子害怕嘗試，便會選擇「我不寫、我不做，我就不會遇見我的脆弱」**。

閉起眼睛，讓失敗消失在眼前。收起雙手，讓失敗不會出現。這時，看似失敗都不見了，但其實失敗的挫敗感一直在心裡面，自己仍然會聽見。

面對壓力，選擇迴避或逃避是很自然的反應。但是，我們忍心看待孩子繼續選擇這樣的生存方式下去嗎？

秘訣133

面對錯誤，微笑以對

我想，如果父母面對犯錯這件事能夠輕鬆地微笑以對，或許孩子也可以多少感染到「有時犯錯也沒什麼大不了」的態度。當然，這裡的微笑以對或沒什麼大不了，主要是針對學習上或生活上的錯誤，不是指對於偏差行為或品格違規的無所謂。

「哈！我竟然把沙拉脫當成沙拉油倒在鍋子裡炸薯條？難怪覺得這回薯條怎麼都是泡泡。」你或許可以很輕鬆地看待自己的疏忽，但請記得，如果今天這件事情是發生在孩子身上，也請抱持同樣微笑的態度。「嗯！有意思，我想這也是一種實驗喲，我們可以來想想沙拉油與沙拉脫成分的差異。哈！不過它們的顏色還真接近。」

輕鬆面對，微笑相伴。錯誤，偶爾也是生活的好調劑。

祕訣134

我是魯蛇（Loser）

「我是魯蛇，我要不要改變？」當孩子自認為是失敗者時，「改變」就成了關鍵詞。要或不要，就在一念之間，一翻兩瞪眼。改變，有時需要一種果決。至少你願意把銅板拋上去，在掉落之前，還有五十對五十的機率。只要有機率存在，縱使微乎其微，改變就有希望。

當一個人把自己設定為魯蛇，實在很難表現得優雅。在消極的自我耗損中，有時自己會思考：那一步「嘗試」為什麼那麼難跨越出去？如果害怕失敗，當然就少了嘗試；少了嘗試，不要說成功的機會降低了，甚至連失敗的機會也沒有。沒有了失敗，你不會知道自己的實力到底進展到哪裡。沒有了失敗，你也少了機會去了解，自己究竟要如何調整、修正那條可以跨入成功的道路。

想不想繼續當魯蛇？我想孩子並非真的那麼陶醉其中。在他持續扮演魯蛇角色的過程中，非常需要你的臨門一腳，**至少能協助他拋出銅板，給自己一次改變的機會**。縱使這一回的嘗試又是失敗，也可以歡呼：「耶！我又累積了失敗的功力了，往成功之路的點數又加值囉！」

魯蛇出沒，請注意。

祕訣
135

強壓的反作用力

許多父母或許有這樣的經驗，當孩子學不來某件事情，罵一罵就會乖。但乖了，就會學得來嗎？很抱歉，這是兩件不同的事。孩子能不能學得來的因素很複雜，有時你真的得靜下心來想想，在批評、指謫、嘲諷、責罵、數落的話語之下，是什麼樣的力量讓你那麼有把握孩子會因此發憤圖強、茅塞頓開，瞬間學會？

用罵的要激發孩子學習的自信，真的很難，也有些異想天開。但如果要耗損孩子原有的自信倒很簡單，**在你一言一語的負向刺激循環下，不用多久，孩子的自信就很容易見底。**若你習慣用負向語言強壓在孩子的學習上，那麼你真的得需要隨時提醒自己，在這當中可能存在的反作用力。

請別成為壓垮孩子的最後一根稻草。

秘訣136

沒經歷失敗就成功，可能嗎？

試著讓孩子想想，在生活裡常見的事物中，有哪一個產品是沒有經過失敗，就一次到位成功的？就以iPhone為例，難道這種智慧型手機不需要經過無數次的研發、設計、嘗試等過程，就能馬上出現在眼前嗎？答案當然是「不可能」。

就是因為這是「不可能」的，所以也請試著讓孩子了解，每一次的研發、設計、嘗試都會經歷失敗，自然而然的失敗。而這一次次的失敗，正也宣告著另一次的成功即將現身。**讓孩子了解失敗是成功的必要元素，而且是一段很自然的必經過程。**

在失敗之中，存在著許多成功所需要的元素，就看你與孩子有沒有緣分遇見。

祕訣137

想像的控制

有時，孩子容易將擔心的後果放大。這個後果通常讓孩子非理性地感到害怕、焦慮與恐懼。同時在他習慣將後果放大、再放大，最後無限大之後，自己的自信心也被吞噬掉了。

試著引導孩子運用想像，將後果打包（就像一包垃圾）拋到遠方（垃圾車上）。這樣的拋棄，是一種想像的控制，讓自己跳脫害怕的恐懼。當孩子慢慢自覺有些控制感時，漸漸地，自信心也會逐漸燃起，也會多一些嘗試錯誤的勇氣。

接著是行動。給孩子一個容易達成的任務，讓他行動。一鼓作氣，讓孩子少了多想的恐懼，行動。勇氣與行動，常常像對結拜兄弟。勇氣帶出行動，行動又生勇氣。

請再提醒自己，這個任務可以小小的，只要能夠讓孩子在第一眼自覺可以嘗試即可。

多放大孩子勇氣之後的表現，多聚焦孩子的嘗試與行動力。

祕訣138

走鋼索的人

害怕失敗的孩子，就像走在鋼索上，所有的注意力都放在「如何讓自己不要掉下去」的害怕中。但愈是這麼擔心，愈是容易把注意力放在鋼索底下的萬丈深淵。

當害怕的感覺愈容易被激起，自己也就愈來愈卻步而不敢嘗試。

試著引導孩子將注意力擺放在學習的過程，就像用心去感受、專注於雙腳踩在鋼索上的踏實，一步一步向前進。**不去想結果，而是去感受過程中的美好**。少了得失心，輸或贏、成功或失敗都將順其自然。

問題二十一
一百分的迷思

「爸爸，我這次數學考一百分，國語九十五分，英文九十七分耶！」文隆欣喜地告訴剛下班的爸爸。

「這有什麼好炫耀的？我看你就是粗心大意，國語那五分是怎麼被扣的？英文那三分呢？」文隆爸有些不以為然地反問。

「可是我這次考這樣已經很不錯了，不是嗎？就只差那幾分而已耶！」

「差幾分而已？差一分就差很多了。別忘了，你還有在安親班補習，國語、英文沒考到一百，沒處罰你就已經便宜你了，還在那邊給我說已經考得很不錯。」

「可是我這次真的考得很好了啊！而且比上回進步耶，不然你問媽媽。」

「文隆這回真的有進步，不就只錯了那一、兩題？」文隆媽試著想說服爸爸，但語氣仍然顯得微弱些，因為她知道沒有滿分，文隆爸是不會滿意的。「更何況，哪有可能每次都考一百分的？有時候老師也會把題目出得難一些，給孩子一點下馬威。」

「你還在幫文隆找理由？拜託，小學三年級考個滿分有那麼難嗎？認真一點就會有了，這小子就是沒仔細檢查，才會被扣分。」

「那你自己小時候考幾分？有每次都考一百分嗎？你說啊！你說啊！自己做不到，為什麼就要求小孩做到？」

被孩子突然這樣一回嘴，文隆爸頓時感到怒不可抑。「你這孩子才小學三年級而已，考不了滿分，竟然還敢跟我頂嘴？我看你是欠打是不是？」爸爸舉起手作勢要揮下去。這個舉動讓文隆很本能地以手擋頭，也讓媽媽嚇了一跳。

原本期待這回的進步可以博得爸爸的開心與肯定，但事情的發展似乎不是這麼一回事。文隆溼著眼眶，低著頭不發一語。一旁的文隆媽也顯得莫可奈何，不知道該如何安慰孩子。

「滿分，真的那麼重要嗎？」

提升自信心的祕訣指南

- 祕訣139 滿分告訴我們的事
- 祕訣140 分數是一點一滴累積的
- 祕訣141 反映自信的特質
- 祕訣142 自信儲金
- 祕訣143 滿級分的鎂光燈
- 祕訣144 比較，永無止境
- 祕訣145 別因小失大
- 祕訣146 光榮的壓力

祕訣139
滿分告訴我們的事

請先試著想想，對於父母與孩子，「滿分」到底代表著什麼？如果滿分是認真，那九十七分呢？難道就一翻兩瞪眼變成了不認真？你可以思考自己是如何看待滿分這件事，請先說服自己。

對於孩子來說，父母把自己未完成的事，甚至於連自己都做不到的事，強加在孩子身上。說真的，這是一件非常不盡人情的事。好吧！要不然你自己也做個榜樣，讓孩子當作參考指標，學習的仿效。你的考績打一百分，再來要求孩子考一百分（說真的，其實也不需要如此）。

有時我們必須思考，當孩子這回考了一百分，然後呢？下一次再來個一百分？然後呢？這代表什麼？這個一百分到底可以考多久？別忘了，出了社會，進了職場，你是否也能一直維持一百分呢？答案應該是否定的。

如果孩子把追求滿分視為自我實現、自我挑戰，也樂在其中，這當然是一件美妙的事。滿分沒有對錯，但實在不應該由父母來強求。一百分，很圓滿。一百分，很誘人。但一百分也只能表示孩子在這一張試卷上，將題目正確無誤地反映、作答。雖努力，也有實力，**但並不表示這一百分就等於孩子未來的人生。**

秘訣140

分數是一點一滴累積的

九十五分也好，九十七分也罷，一百分也行。請記得，所有分數的累積，都是從0開始算起，經由你的一題一題作答，逐漸將分數累積出來。而這累積的概念，也在提醒你，面對分數，請回饋給孩子他那段準備、努力、作答及檢查的過程。

「文隆，你真的很用心。媽媽覺得你這回準備國語真的很認真喲！昨天晚上聽你背誦課文，還看到你仔細地在查字典，從考卷上也發現都有細心檢查的痕跡喲！」

把孩子在達到這些分數的過程與特質清楚地說出來，這會讓孩子感受到自己的有能感，以及相信自己有能力面對眼前事物的挑戰。

請記得，不要只將焦點擺放在數字的變化上。九十五、九十七、一百，這些分數都不是重點，而是要再次記得分數不會從天而降。它只能扎扎實實地像存零用錢般，一塊一塊累積而來。**請看見孩子努力的過程。你的「看見」，會讓孩子的動力因為自信而再次燃起。**

祕訣
141

反映自信的特質

分數雖然是一種指標，在某種程度上也檢測著孩子在學習過程中的成果，但畢竟影響分數的變數很多，包括出題部分，例如：題目的難易度、題型的變化、作答的題數與考試的範圍等。這些變數其實也影響著孩子在評量時可能的表現。

說真的，分數是其次。（謎之音：分數哪能其次？）重點在於孩子於應答及準備過程中，所展現出的特質，例如：維持的專注、穩定的情緒、冷靜的思考、清晰的邏輯、時間的調配，及對於學習的負責態度等。

試著讓孩子看見自己所擁有的這些正向特質，對於自信心的提升，將勝過於試卷上那些分數的變化。

「我有自信心，並非是那一次次的考滿分，而是我看見自己專注努力的身影、面對挑戰的勇氣、沉著穩重的心情，以及對事物的清晰判斷。」

你的孩子是否有如此的自我覺察、自我表露及自我肯定？

如果他沒有，那麼你一定要有。這些屬於他的美好，請你試著反映給他知道。

秘訣142
自信儲金

引導孩子在每一次的考試中，無論分數如何變化，先跳脫對於分數的過度執著，**把注意力放在自己在這回考試的準備與應答上，將自己發揮出的優勢特質一一條列出來。**一次次寫下來，讓自己看見。隨時檢視與回顧，給自己信心回饋。讓自己的腦海裡充滿著這些自信儲金。如果把明細列出，你將看見：

- 平穩的情緒。
- 冷靜的思考。
- 清晰的邏輯。
- 深刻的記憶。
- 時間的掌握。
- 積極的態度。
- 樂觀的看待。
- 表現的滿足。

當然，你可以將上列明細再進行更細微的描述，會讓孩子更感到印象深刻。例如：「我發現面對考試時，在時間的掌握上，自己表現得還滿精準的。首先，我會將錶放在考卷的左上方，接著快速瀏覽考卷上的題目與類型，隨後立即判斷內容的難易度，及每題可能需要花費的時間。做好時間分配，包括應答的時間、檢查的時間，並將一時無法解的題目先行跳過，待大部分題目做完再回頭重新作答。我會提醒自己，做好一題就約略看一下時間，並隨時估算所餘可作答時間。時間的有效掌握，讓自己的作答更從容。」

這個過程需要你的先行示範，愈具體，愈與孩子的特質貼近愈好。再慢慢引導孩子往內看到自己，練習說說看，讓一場一場的正向自我對話，肯定屬於自己該有的自信。

祕訣143

滿級分的鎂光燈

在每年大學學測的成績公布日，滿級分總是成為鎂光燈的關注焦點。這很自然，但我也期待你很自然地加以看待。有時這些被聚焦的滿級分，往往也讓部分家長對於孩子的成績有著不合理的奢望。請記得，並非每個孩子在學業成績上都需要被鎂光燈關注，雖然你可能很期待。**滿級分很好，但你眼前的孩子應該有更屬於他能力的最佳分數。**

別讓這些滿級分，成為你對孩子滿分的期待。雖然，每年你都會遇到滿級分的強光向你襲來，但只要清楚孩子的需要，你與孩子就會優游自在。

祕訣144 比較，永無止境

分數這件事，是一個最容易被量化的指標。「比較」真的難免，甚至於有意無意地、主動被動地，我們天天在比較。和誰比較？和自己比較嗎？而比較的最終目的又該是什麼？比了之後呢？

會拋出這個疑問，主要在於讓我們思考每每在比較當中，是否會讓我們忽略了孩子在學習過程中可能經驗的美好，及學習的最初衷。如果學習最終只剩下分數的較勁，說真的，那麼學習的樂趣大概也消失殆盡。更別提因為不斷評比可能帶來的自信耗損了。

比較是可以的，但請適可而止。比較是應該的，但請和自己較勁。比較是自然

的，但請以平常心看待。如果你期待孩子的學習動機動起來，就別讓他的自信屢屢受傷害。

祕訣145

別因小失大

當一張九十七分的考卷發下來，你看到什麼？孩子看到什麼？是失去的三分，還是得到的九十七分？當你過度放大了那失去的三分，甚至於因為這三分，反而對孩子批評、指謫、謾罵，甚至於處罰。說真的，這樣真的很沒說服力，很容易讓孩子覺得不服氣。

「為什麼你沒有看見我努力所得到的九十七分？」

當你太過於強調失去的分數，甚至於因此潑了冷水，很容易就澆熄了孩子的學習自信。請留意別因小失大。當孩子的自信心因為這三分而開始「土石流失」，如果你再不給予自信的補強，到時候，原本學習體質還不錯的孩子因此崩塌，那可是得不償失。

秘訣146

光榮的壓力

滿分很光榮，至少暫時對於父母、孩子與老師三方來說，似乎都能同時感受到這份榮耀。但實際上，要獲得這份光榮還真的是一件苦差事，它不會像《來自星星的你》的都教授從天而降。然而，可以確定的是，背負這光榮的壓力，唯孩子個人承擔莫屬。

被肯定是一件美好的事，獲得眾人的掌聲也是每個人求之不得的，被看見當然也是許多孩子的期待。但是，如果要持續維持如此的能見度，將那份得來的滿分光榮不斷地擦拭，以維持它該有的亮度，這時，孩子將被迫處在不斷電的壓力鍋上，不停地被這些分數擠壓、再擠壓。

父母與老師在享受這份光榮的同時，請別忘了受苦受難的會是孩子。

學習動機第7招

增加參與力

非學不可之增加參與力

在校園裡有參與感，被同儕接納與認同，對於許多孩子來說是相當期待的關鍵需求。當學習的氛圍感受到群體支持，以及成員之間相互的情感關聯，讓孩子有著「我歸屬於」這個團體的想法時，很自然地也燃起了內在動機。而學習的團體凝聚力浮現，也正宣告著學習動機蓄勢待發。

校園裡，被排擠、被疏離、被冷落，甚至於處在邊緣化的孩子，其實在內心是非常受傷的。在這樣的負面情緒圍繞下，要讓孩子的學習脫困、突圍，是相當困惱的一件事。有時因為這些人際的因素，學習動機也被冷凍了，甚至於消失無蹤。

試著創造出團體的學習氛圍，在這裡充滿的是接納、了解與支持。競爭難免，但是處在一個友善的情境下，透過群體內外的相互支持、較勁，相互展現自己的特質與能力。

提升學習動機，讓孩子發現自己在學校是被支持的，是被關心的，是有人可以相互取暖對話的。這時，孩子去學校的動機與意願就相對會高些。讓孩子有參與力，讓孩子有表現的機會，讓孩子與同儕有共同的交集，學習動機的醞釀就在這裡。

提升孩子學習動機的第七個密碼，營造團體的凝聚力，讓參與感在校園現場隨時可見蹤影。

問題二十二 當孩子拒絕上學

「什麼？今天還是不去學校？我上班快來不及了，你叫妞妞快一點。」妞妞爸頻頻催促著。

「她就是拗在房間裡不出門，我能怎麼辦？」妞妞媽心裡既無奈、著急也無力。因為這種拒絕上學的戲碼一而再地重演，特別是當先生上班之後，留她一個人面對孩子的拒學，她更是沒轍。

「你們到底要不要出門？再不出門，我要先去公司了，你們母女自己看著辦。」

「看著辦？能怎麼辦？你催我有什麼用？不來幫忙，只是在門口叫叫叫，我能夠做什麼？」妞妞媽心裡一股忿忿不平的情緒油然而生。「你只顧著自己上班，把爛攤子丟給我。簡單的事你挑，總是把最難的事情拋給我。這算什麼男人？」

「我現在不跟你辯這些。到底要不要出門？去還是不去？」

「不去！」妞妞媽在孩子面前突然大聲叫嚷著，情緒顯得益發激動。「不上學就不要上學，你去上你的鬼班，父女倆都一樣故意來折騰我！」

妞妞媽已經非常厭惡這樣停滯的狀態。對於孩子的拒學，自己一點都幫不上忙。至於妞妞爸，每回都是在學校警告準備通報中輟時，才勉強請半天假，使盡各種威脅利誘的方式讓妞妞上學。

妞妞媽心裡一直疑惑著，到底是什麼原因讓孩子一直不願意上學？同儕霸凌？倒是沒聽老師說，反而在人際關係上，她沒去的那些日子，同學都還會主動寫卡片關心。

有一種擔憂在做母親的心中醞釀：

「妞妞原本在學習上就比同學落後，再加上這些日子有一搭沒一搭地到學校，學習的狀況更是糟糕。如果再這樣下去，真擔心她的學習動力會耗盡。以後要再上學就更難了。」

增加參與力的祕訣指南

祕訣147 吸引孩子走進校園的是什麼？
祕訣148 同儕相陪伴
祕訣149 活動相吸引
祕訣150 能力好展現
祕訣151 非我莫屬的期待
祕訣152 跨不進的門檻，澄清拒學原因

祕訣147

吸引孩子走進校園的是什麼？

翻轉一下想法，除了找出阻撓動機的癥結點之外，是否也能發現激發動機的「彈跳點」？

伴隨「參與」而來的好心情，通常是讓孩子維持在學校學習的一項重要誘因。所以，**是否有哪些事情可能為孩子帶來校園的參與力？**每個孩子雖然不盡相同，但是值得我們一起腦力激盪：

- 喜歡的同儕陪伴。
- 有趣的活動吸引。
- 優勢能力的展現。
- 非我莫屬的期待。

是否有可能製造以上這四點的學習情境呢？哪一點最容易對孩子帶來吸引力呢？如果親師之間願意合作，彼此有著改變的動機，也將為孩子願意到校學習帶來契機。

祕訣 148

同儕相陪伴

期待孩子跨入校園的那一道線，**是否有好的玩伴作為吸引是思考的方向之一。**

對於低年級的孩子來說，只要有人願意跟我玩，其實就算是朋友。漸漸地，到中高年級的死黨、親密伙伴，而到了青春期就是對於同儕的在意。

如果可以從中找出孩子的好玩伴，藉由同儕的相支持，也許是一通電話、一封簡訊、一張卡片、一則LINE的訊息、FB的私訊留言，或者直接到家裡按門鈴，這些友善與支持的細膩行動，多少都有助於讓拒學的孩子增加跨入校園的意願。

祕訣149

活動相吸引

面對拒學的孩子，一大早的上學之路，常常讓父母苦惱，老師癡心等待。頭過，身就過。如果老師願意，**或許可以試著在早自習或第一節課，以孩子喜愛的活動作為吸引人的開場。**這些內容可以視每個孩子的需求而定。例如：舉辦玩具分享日、校外教學活動（唯須先在教室裡集合）、班際球類比賽（如果孩子熱中於球賽）、班上園遊會等。透過活動的吸引，觸動孩子想要跨入學校的那一絲絲欲望。有些事，現在試著做，無論大小，只要是任何有助於讓孩子消除拒學的做法，你都可以嘗試。至少，問心無愧、無悔。

祕訣150

能力好展現

每一個拒學的孩子，可能都存在著不同的因素，讓自己對於上學這件事裹足不前。但我們可以猜想，當孩子在班上的弱勢形成到校的阻礙時，那麼發掘孩子的優勢，讓他的能力有好好展現的機會，是否也能因此讓他願意跨入學校？

如何讓拒學的孩子，特別是受困於學業表現低成就的孩子，拋開在後面追趕的心理負擔？此時，積極地確認這個孩子的「相對優勢力」，也許可以發揮臨門一腳的作用。

例如：當你發現孩子在百米賽中具備如飛躍羚羊般的速度感，或許可以藉由參與田徑隊的方式讓孩子願意跨入校門。以此類推，當孩子擅長大提琴，則可能考慮讓他透過參加音樂社團展現自己的琴藝，讓他多一些願意到校的動機。

別說孩子沒有好能力，只要你願意仔細地找下去，就有機會發現。

祕訣151

非我莫屬的期待

當孩子發現自己在校園裡有著「非我莫屬」的重要性，這時，願意上學的動力自然而然會加碼許多。非我莫屬？孩子是否具備了如此的特質或能力，這點是我們必須仔細思量的。甚至可以想想，在班上是否有哪些活動是非他不可，沒有他的參與就無法成行的？找到孩子在班上的重要性，燃起他非我莫屬的期待。

如果真的想不到，那就想辦法製造吧！

祕訣152

跨不進的門檻，澄清拒學原因

有些事，孩子不一定能夠清楚說出「為什麼」。這時，**需要我們大人仔細地、敏感地去觀察、去感受，造成孩子跨不進校門的到底是什麼樣的門檻**。

當然，孩子不上學的理由很多，每個孩子所存在的理由也不盡相同。有的孩子之所以拒絕上學，可能還包括恐懼與害怕的「懼學」。如果是如此的「懼」，則有必要釐清讓孩子恐懼到校的因素是什麼。特別是，如果強迫孩子一定要到校，這時所恐懼的事物是否已經被解除？不然就是得重新調整孩子看待事物的反應，包括減緩他恐懼的程度（例如：孩子對於班級老師過度地害怕）。

有些孩子懼學，在於校園內存在著被霸凌的不安情緒；有些孩子則是對於特定老師或同學的反應感到過度害怕，而不敢趨近。有的孩子則在於害怕被同學詢問請假的理由，或是冷眼看待自己的出缺勤狀況。當然，也有些孩子是對於學習表現感到畏懼。

你的孩子是哪一種情況？如果是學習狀況導致她懼學，這時我們就需要思考，令孩子裹足不前的學習因素，是否有被調整或改善的空間。

問題二十三 當孩子成績不好被排擠

「哈！真的是肉腳，這麼簡單的考試也考成這種成績，我眼睛閉起來寫的分數都比她還多。」外號「刺蝟」的志偉故意閉起眼睛，右手拿起筆在桌面上比劃著。老愛在班上唧唧唧地附和，綽號「蟋蟀」的希平也跟著起鬨：「就是說嘛，我看小月真是笨得可以，害我都沒有機會考最後一名。」

「哈！你這隻蟋蟀也差不多啦！是沒有最後，但也好不到哪裡去啦！」志偉右手掌直接往希平的後腦勺巴下去。

「厚，很痛耶！」希平痛得叫出聲來。

「好啦！好啦！我這志偉哥哥給你秀秀，免得頭腦打壞了，你就變得和小月一樣，那就ＧＧ了。」

「我看下一節自然課分組，一定沒有人想要跟她在同一組，帶衰又帶賽。」

「真的，真的，希平我跟你講，誰跟小月在同一組，誰就萬劫不復。」

「永不超生！」希平立即補充說。志偉搭起他的肩膀，兩個人又嘻嘻哈哈地笑了起來。

說真的，小月對於這些話並非沒有感覺。雖然下課教室裡聲音嘈雜，志偉與希平的對話卻句句嘹亮、字字刺耳。但小月沒有反擊，因為她知道在這個班上沒有人會幫她出氣。有時，老師甚至還會在一旁數落：「各位同學，你們要知道，如果平時不用功努力，班上是沒有人喜歡和懶惰的人在一起的。」雖然老師沒有明講，但同學都知道其實老師在說的就是小月。那個在班上，成績總是殿後的她。

小月不是不想參與，也不是不想融入這個班，只是長期因為成績不好而被排擠這件事，讓她在學習上漸漸感到消極。她自己也不知道，為什麼之前念了、讀了，成績還是這樣。沒有朋友，又學不好，小月真的是情非得已。

增加參與力的祕訣指南

- 祕訣153　友善的對待
- 祕訣154　成績不是唯一
- 祕訣155　貼心地告知
- 祕訣156　啟動互助教學
- 祕訣157　轉念，心更寬
- 祕訣158　我的獨奏會

祕訣153 友善的對待

當孩子在校園裡因為學習表現落後而被取笑、揶揄、嘲諷、刺激，導致不願到校上課時，關於讓班級氛圍轉為友善這件事，其實應該由老師來伸出援手，幫孩子解決困境。

「誰叫小月平時不努力，成績不好，當然會被同學取笑啊！」NO！NO！NO！不應該是這樣子的，**沒人有權利去嘲笑任何人，縱使這孩子的學習表現落後也不應該。這是兩回事。**

班級友不友善，其實取決於在這個教室裡，大多數的人選擇看待事物的角度，例如：是好批評、除錯、挑錯、雞蛋裡挑骨頭，還是趨向於欣賞每個人所存在的正向特質與表現。這一點，班級老師如何率先引導是非常關鍵的一件事。

請記得，大人愛抱怨，孩子就愛挑錯。有些事，真的需要大人先啟動友善的互動。

祕訣154 成績不是唯一

一個孩子在教室裡的存在價值，真的不應該取決於「分數」這件事。當老師眼中只望見分數，往往容易扭曲教室裡的孩子對於自我與他人的看法。

「分數」只能反映孩子在康軒、部編、南一、翰林等教科書上的學習成果，就真的僅反映她在國語、英文、數學、生活與社會、自然等科目的表現。但這並不等同於孩子的所有。

請提醒自己，**你怎麼看待分數，怎麼看待孩子，就會決定在這個教室裡，多數的孩子怎麼看待自己或他人。**

祕訣155 貼心地告知

想像你在班級裡如何發還考卷，如何告知孩子成績表現，及是否將排名列出。**在成績這件事情上，「比較」很容易會造成小小心靈之間的較勁。**當然，你可能有話要說：「現在不比較，以後出社會還是會遇到，這是遲早的事情。」沒錯，生活中無處不比較，但如果在教室裡的分數較勁，導致一個孩子不斷地被揶揄、嘲諷、取笑，從此失去學習的自信及課堂上的參與，那就真的得不償失，殊為可惜。

有些事可以很貼心，就在你的細微舉動之間。就以發還考卷為例，你可以有不同的組合方式，而這些選擇至少有助於讓表現不好的當事人，還可以維持基本的隱私或受尊重，同時也可以肯定表現好的孩子。例如：

- 考完試，將考卷夾在每個人的聯絡簿裡，各人只知道自己的成績，並訂正後帶回去給家長簽名。

●發還考卷，僅將前幾名孩子的成績公布，作為鼓勵與肯定，其他人則一視同仁地不公布，只上前領回自己的考卷。

●在班上，不公開排名，僅老師自己知道孩子的表現及分布狀況。

秘訣156

啟動互助教學

在班上，總是有孩子在學習這件事情上較為吃力，需要被協助。讓有能力的孩子發揮所長，來引導及協助課業弱勢的孩子，這會是美事一樁。或許你會聽見一些不同的抱怨：「老師，小月都教不會，好煩喲！」「老師，我媽媽說小月那麼不懂，教她會浪費時間，影響自己準備功課。」「老師，小月不會，就應該去資源班或特教班上課，不然就回家補習、請家教才對啊！」

如果要拒絕，你一定可以找到各式各樣的理由。

但是回到教育這件事，**在學校，所學的能力真的不能如此窄化到只注意到自己的成績，而忽略人與人之間的相互協助。**

啟動互助教學，讓彼此都可以相互成長。

秘訣 157

轉念，心更寬

「小月教不會？我想就是在挑戰著我們該如何再動動腦，以她可以聽懂的方式讓她學會。而且你會發現，當你知道怎麼教小月了，這時你對於所教的內容與範圍也會更加熟練。」

「當你試著教不會的同學時，多少可以學習到她不懂的地方在哪裡，而你也可以找到有效的問題解決方式。所以教學相長，你也學習很多喲！更何況，有些事可能只有小月會，但你卻不會，大家可以相互幫忙。」

「小月是否需要接受資源班的補救教學，關於這一點，老師會與小月的爸媽們討論。至於是否回家補習或請家教，這部分每個家庭的情況不一樣，都會有自己的考量喲！」

轉個念，讓孩子張開雙臂，接納眼前低成就的同儕，讓她的學習動機動起來。

秘訣158

我的獨奏會

想像一下，如果今天在班上學業成績墊底的小月，小提琴的演奏功力是班上其他人望塵莫及的。當老師願意給她機會在班上展現這項能力時，那會是如何的光景？

〈小月的小提琴獨奏會〉——假如有一天，在班上的布告欄或每位同學的聯絡簿裡，夾著這張活動小單張。你可以想像得到，小月在班上的參與力將如何被翻轉。

每個人都應該有機會被看見，特別是老師或父母更應該要讓孩子擅長的能力被看見。如果你願意，縱使只是一首曲目的獨奏會，當小提琴獨奏曲的悠揚樂聲迴盪在教室裡時，你將看見其他的孩子是如何收拾起先前的揶揄、嘲諷和取笑，轉而投以羨慕及欣賞的眼光。

問題二十四

當孩子討厭老師

「Leo，媽媽一直不了解，你以前在長頸鹿、何嘉仁都上了那麼久的英文課，小六以前在班上的英文成績也是名列前茅，怎麼一到國中之後，英文成績就開始像溜滑梯一樣下滑到不像樣？我不認為你的英文程度跨了一個階段就變得這麼差，我也相信你對英文一直都很有興趣。但是我現在一頭霧水，為什麼你現在的英文成績就是這麼難看？而且我納悶的是，你的國語、數學、自然、社會這些科目，在班上也都有一定的水準啊！論學習動機，媽媽也一直認為你比姊姊好。為什麼唯獨英文這一門課，反差會那麼大？」

「我沒興趣！」

「什麼？你對英文沒興趣？這不可能，一定不可能，我這個做媽的再怎麼看你，都不認為你對英文沒興趣。」

「我以前有興趣，現在沒興趣。」

「為什麼？」媽媽更是一頭霧水。

「誰叫那個英文老師那麼機車，我就是討厭。」

「討厭？是討厭英文？還是討厭英文老師？」

「這有什麼差別？」Leo有些忿忿不平地說著：「哪有老師只會要求我們死背單字，每節上課要嘛就不斷地抽考、默背句子，或者就只會放ＣＤ要我們練習英文聽力。同學不專心還會被當場數落，說是程度比她家讀幼兒園大班的兒子還差。我們班就是不爽她、不鳥她，上課聊天、趴著睡的，看課外讀物、其他科目的，用手機傳LINE和按讚的……反正就是惹全班討厭，全民公敵啦！」

「不會吧！所以你們就這樣擺爛？英文是同一個老師要教三年的耶！難道你就因為討厭英文老師而放棄對英文的興趣，不再努力？這代價太大了吧！別跟我說你們這是在抗議！」媽媽有些不以為然地說著。

增加參與力的祕訣指南

祕訣159 不要像「打地鼠」般否定感受
祕訣160 同理那份感受
祕訣161 解釋事情的角度
祕訣162 老師微調的機率
祕訣163 自我調適
祕訣164 討厭？就當作練功吧！
祕訣165 學習氛圍
祕訣166 魅力在哪裡？
祕訣167 換我教

秘訣159

不要像「打地鼠」般否定感受

對於一個人的印象是喜好或厭惡，是很主觀的一件事。當孩子向你抱怨「我就是討厭那個人」，對於孩子來說，那當下討厭的感覺是很真切的存在，所以你先不要急著想要像打地鼠一般，否定他的感受。

「哎呀！那是你自己逃避念書的想法啦！又不是每個人都像你這樣討厭。」

「這有什麼好討厭的？老師對學生的要求不都是如此嗎？」

「別想那麼多啦！你好好讀自己的書不就行了？」

當類似這樣的話一出口，你就像是拿起棍子一樣，開始玩起了打地鼠的遊戲，不但會把孩子的感受與彼此的關係都打掉，而且打得很不優雅。

秘訣160

同理那份感受

我相信，期待孩子有所改變，那麼**站在孩子的這一邊，至少是親子溝通一開始的必經大門**。若「同理」這把鑰匙沒拿出來，你對於孩子的了解之門就沒有辦法打開。當你急著想奮力將門用力一推，只會傷了彼此的關係。

「Leo，我想英文老師要求背單字、不斷抽考、默背，或上課放CD及當場數落同學這些事，真的讓你感受到很厭惡、不舒服的感覺。」

「Leo，你內心似乎有一種擔心的感覺，如果不呼應班上同學對英文老師的反感，你可能顧慮同學是否會因此不諒解你，甚至於疏遠你、排斥你？」

同理，總是能讓彼此的心貼近。

祕訣161

解釋事情的角度

有時，孩子可以很明確地告訴你他討厭老師的理由。當然，**你也可以反過來聽聽看，孩子希望老師怎麼做**。從孩子的對話中，試著了解他對於事物的解釋是否都容易傾向歸咎於他人，例如：老師的教法、上課對於學生的態度、評量考試作業的規定等外在歸因。而是否較少覺察到自己的內在歸因部分，例如：在背誦與記憶英文單字和句型上很吃力，或對於相對單調的教學難聚焦，很容易分心。

對於外在歸因傾向的孩子來說，在面對學習這件事上，自己的負向情緒負荷相對較低，壓力相對較輕，因為千錯萬錯都是別人的問題。因此，自己的改變與調整也相對較少，學習態度與能力的提升也相對較低。

相對地，存在內在歸因的孩子，自我要求相對較高，雖然自我改變的契機較多一些，但也比較容易讓自己背負著沉重的情緒。

你的孩子面對學習是傾向於採取外在歸因，還是內在歸因？請開啟你對他的了解之路。

祕訣162

老師微調的機率

如果孩子的陳述是中肯的，也是事實，班級老師的教學就是如此，父母也不至於一定要扮演起「恐龍家長」越界、干涉與介入。因為每位老師都有屬於他自己的教學風格與做法，在合理的前提下，這部分是老師的教學權利，是需要給予尊重的。

但是可以思考：老師微調的機率有多少？這關係到是否需要為此進行親師溝通。當然，如果老師敏感地自我覺察到，他的教學方式和班上同學的理解、接收似乎出現了不穩定的收訊品質，師生溝通經常出現斷訊，這時，倘若老師願意主動調整頻寬、改變教學模式，當然是最佳的狀態。

祕訣163

自我調適

但如果不是這樣呢？這時，就得將焦點再回到孩子的身上，思考如何協助他因應與調適老師的上課方式。或許你可以和孩子分享，有些事能夠改變最好，但是**如果真的沒有辦法改變，那麼就試著讓自己來適應它。**例如，可以這麼說：「你可能無法改變惱人的溼冷、陰雨天氣，但是你卻可以選擇如何因應。無論是在家不出門，或攜帶雨具、穿起厚重的外套，出門做該做的事，都是你的選擇。」

祕訣164

討厭？就當作練功吧！

「道不同，不相為謀。老師教的和我想學的沒交集。」有時孩子會自覺這樣的想法很合理。但有些事情是很現實的，就像銅牆鐵壁一樣，無法被撼動。這時，**倒不如把抱怨轉換成正向的能量。**討厭？就當作練功吧！

練什麼功？讓孩子調整一下想法，就把面對老師的教學視為是一種困境的挑戰，練就如何挑戰自己的背誦與記憶力、如何面對看似枯燥乏味的聽力挑戰。當眼前的事物讓我厭惡，那麼我就更挺直腰桿，揚起頭，更奮發給你看。

讓孩子知道，這也是一種guts的呈現。

祕訣 165

學習氛圍

「到底是孩子的注意力不好，還是我們教學太無聊？」這是我一直在思索的事。的確，對於教學的「自我覺察」是很重要的一件事。這就如同親子關係中的父母教養覺察一樣。

當然，對於教學現場的老師來說，如何營造一股友善、溫馨、熱情與互動的教學氛圍，是每個老師都夢寐以求的事。或許調整自己的教學慣性需要一段時間的適應，不過你想要改變的那股動力與勇氣，也會感染給班級裡的孩子們。我一直相信，**你的友善，孩子會接收到。**

讓教學氛圍更有溫度、更融洽，只要大人開始啟動，一定比較容易水到渠成。

祕訣166

魅力在哪裡？

對於站在教學舞台上的自己，有時我們不禁會思索：「自己的魅力在哪裡？」你可以不必是伍佰，也不是田馥甄，你不會是張懸，當然也不可能是周杰倫。但是，我們可以想想他們的魅力在哪裡？是什麼樣的元素，吸引住了我們的目光？

別輕忽自己的魅力，可能是你的微笑、你的專注、你的柔軟，或是你所散發的溫度。

祕訣167

換我教

讓孩子成為老師，讓孩子思考自己要如何來教我們、讓我們懂，甚至如何運用教材與教具，該如何來評量我們、考我們。這時你會發現，課程瞬間與孩子的關係連結起來了。

教學，孩子需要轉為主動的態度。教學，孩子必須要開始熟習眼前的內容。教學，開始讓孩子練習從中找到樂趣。這種角色的互換，就像讓孩子扮演起導遊一般。

自己要先感受到好玩，底下的旅客才有可能激發出樂趣。

問題二十五
當孩子想休學

「媽，我這學期可能會被當掉好幾科哦！既然過不了，我決定乾脆直接休學算了。」

「志綱，你要不要再考慮看看啊？難道除了休學之外，都沒有其他適當的選擇了嗎？比如說補考、重修。再不然，向老師求求情，看老師能不能通融通融。」

「求情？求什麼情？拜託，這種低聲下氣的鳥事，我可做不到。你千萬不要去學校給我丟人現眼。我以後可是還要在外面做人的，我告訴你。」

「丟人現眼？怎麼會變成我這個做媽的丟人現眼？你怎麼這樣講話？好啦！好啦！不然，暑假重修學分也是一種選擇。你看，如果休學一年整天在家無所事事，你又不準備考轉學考，那也是很浪費時間的事。怎麼樣？與其再重念一年，倒不如利用暑假積極一點、辛苦一點，把沒過的學分補一補，長痛不如短痛。志綱，你覺得呢？」

「拜託，幹嘛重修，浪費我的大好假期？更何況休學以後，我的時間多了，就可以去打工，至少多賺一些零用錢來花也爽。你不知道我每個月要繳的通話費有多少。你們平時給的根本就不夠用。而且我想要換一支新的iPhone 5S，當然你和老爸要贊助，我也非常樂意啦！所以，我的老媽，直接休學是最快、最划算的啦！而且記得要在期末考之前趕快辦理，免得又要被那些機車老師在分數上羞辱，那我可不要。只要手續一辦好，所有成績歸零，就好像打掉重練。」

志綱對於自己的精打細算沾沾自喜，然而媽媽心裡卻很焦慮。

辦休學的程序很容易，但是兒子遇到了學習上的問題，以這種方式逃避，對於志綱媽來說真的千千萬萬個不願意。只是，休學這件事似乎木已成舟，至少對於孩子來說，這已經是定論了。

增加參與力的祕訣指南

祕訣168

是逃避，還是最佳的解決選項？

面對眼前一顆巨石擋路，繞過或退回原來的岔路口，或試著震碎後，將碎石頭移除，清出一條路繼續往前，這些都是可能的選項。休學並非是全有或全無的考量，在親子之間針對「休學」這件事情深思熟慮的過程中，是讓孩子知道與覺察在做這些決定時，自己所存在的想法。

如果以休學暫時逃避眼前的壓力困境（特別是課業之故），這時，便需要**和孩子檢視過去面對類似問題的因應之道**。畢竟儘管逃避了一時，最後終究還是得回頭去面對。

祕訣
169

孩子休學，我們在擔心什麼？

孩子休學，我們在擔心什麼？焦慮什麼？這一點是需要我們靜下心來自我覺察的。對於脫離軌道的不安，對於未來不確定的焦慮，對於孩子的判斷是否正確的疑慮，在在都讓父母面對孩子休學這件事時，內心那股糾結的情緒不斷被挑動著。

你的不安、焦慮、疑慮、擔心等反應都是很自然的情緒。其實，你眼前的孩子在面對這項人生的關鍵抉擇時，或許也有著同樣的心情，雖然表面上他可能繼續維持著氣定神閒、老神在在的模樣。建議你，試著與孩子一起感受彼此在此刻的心情。

祕訣170

人生的轉折點

當孩子面臨學習的困境，如果真的因為沒有興趣而感到乏味，這時，休學或許也是一種轉折。**放手，但仍須協助孩子了解自己欲邁出的方向在哪裡。**給孩子機會去體驗人生的況味。讓孩子知道在十字路口上，路很寬，路很廣，但自己可能要慢慢清楚未來要走的路。

祕訣171

打掉，重練

當孩子決定打掉重練時，需要我們與他一起思考，他要重練的內容到底是什麼？以及面對重練，自己所需準備的功力。畢竟這不同於線上遊戲的打怪，而是關於孩子成長與學習過程中，一場關鍵的抉擇，馬虎不得。**打掉，需要一時的勇氣；重練，卻需要持續的毅力。**

祕訣172

休學……然後呢？

當ON／OFF的開關切換至代表「啟動休學」的ON時，**孩子接下來需要開始思考**

後續的計畫，也可以說是休學後的生活方式。是打工、準備重考、旅行、在家幫忙或其他內容？重點在於，如何讓學習的動機繼續燃起。

祕訣 173

尊重孩子的決定

關於休學這件事，青春期的孩子是否有決定的權利？我想，不妨試著讓孩子自己告訴你，傾聽他的想法，試著了解孩子休學背後的動機，及休學對他的意義。事實上，不只孩子需要勇敢地面對休學，做父母的也需要有尊重孩子休學意願的勇氣。

當孩子能夠清楚地表達出自己對於休學後的規劃，例如：打工時間、準備轉學考、上補習班或安排新的學習事物，這時，你可以肯定他的目標規劃。或許你對於孩子的執行力仍有所質疑，擔心他說的與做的之間是否會一致，**但你必須尊重並信任他**。信任，是你透過眼神傳達出來的信任、說話語氣讓他感受到的溫度，及肢體接觸（例如輕拍肩膀）所帶來的支持力量。而尊重，在這休學議題的溝通上，對於親子關係將是非常關鍵的時刻。

祕訣 174

讓孩子承擔責任

下好離手。當孩子在經過縝密思考而決定休學後，他同時也必須承擔自己的選擇所帶來的任何責任。**對自己的休學決定負責，這是孩子邁向成熟之路所需要的基本元素。**或許，面對休學，你仍然有前面所提及的，一些面對未知的擔心與焦慮，但轉個彎想想，也正因為有著更多的可能性，成長的魅力就在這裡。

祕訣 175

學習不因休學而疏離

休學，讓孩子暫時遠離了平時熟習的學習軌道，也同時揮別了與同儕共同學習的經驗（謎之音：雖然有些孩子在好友放學後，仍然維持著人際互動）。學習的參與感及同儕凝聚力，往往也決定著孩子的內在動機是否被燃起。

因為休學所產生的參與疏離，是親子必須時時注意、刻刻提醒的重點。這也是為什麼**有些孩子在選擇休學後，仍然建議他維持一部分的校外學習**，無論是語言進修、課業補習（如準備轉學或重讀），或參加社團都行。試著讓學習的參與力繼續維持著溫度，動機不會因休學而冷卻。

學習動機第8招

維持好心情

非學不可之維持好心情

在學習的過程中，伴隨著孩子的熱情、好奇與興趣，你會很自然地發現他那股專注投入及發自內心的愉悅、開心、歡樂、高興、快樂、幸福和滿足，甚至於陶醉等好心情。這時孩子對於學習的內在動機，一定是全自動發電並運轉著，因為好心情就是好燃料。

此外，當孩子在學習中遇見了自信心，找到「我可以」、「我能夠」、「我試試」、「我做到了」、「我完成了」的那股自我掌控的感覺，因為自信心帶來的好心情，也能讓內在動機持續發揮。至於伴隨著參與而來的同儕歸屬感，使孩子感到被接納、被支持、被了解，從心而生的暖意也能繼續讓學習動力加碼。

如果面對學習，好心情不再，學習動機很容易因此而罷工、停擺。有時，孩子對學習刺激、學習事物、學習環境出現了負面的情緒反應連結，例如焦慮、害怕、退縮、畏懼、恐懼等，這些情緒雖自然，但如果過度反應或持續時間過久，往往也很容易讓學習動力出現怠速，緩慢前進，甚至於停滯不動的狀態。「我不行」、「我不會」、「我怎麼都做不到」所衍生的習得無助感(註)，會蠶食內心，讓心變得不美麗，甚至於鯨吞孩子的內在動機。而因為過度焦慮所衍生的「心理影響生理」的身體抱怨，例如：頭痛、頭暈、肚子痛等，也間接地形成一道高牆，讓孩子跨不進校園，阻礙了學習。同時，求好心切、自我要求過於完美、不盡人情的好勝心，也是好心情的阻礙。

學習的經驗與情緒之間的連結相當緊密。要讓學習的內在動機持續向前推進，「擁有好心情」也是當中相當具關鍵性的燃料。這裡不單純只是維持情緒的好感覺，同時，孩子如何看待學習事物的想法、解讀的方式，及有無適度地放鬆、紓壓的行動力，也深深地影響著好心情是否準時進站。

提升孩子學習動機的第八個密碼，讓孩子保有好心情，跨越無助、舒緩焦慮、少些抱怨，合理地對待自己吧！

※註：「習得無助感」(Learned Helplessness)，指一個人由於長期處於失敗及挫折情境中，導致面對挑戰時抱持一種消極心態，即使成功的機會近在眼前，也缺乏嘗試的勇氣。

問題二十六 當孩子有「習得無助感」

「秀麗，你怎麼不趕快動筆寫，還坐在這邊發呆？考試時間都已經過了十五分鐘了耶！」紀老師望著情緒低落、面無表情的秀麗提醒著：「這次考試的內容，二位數的直式加法已經很簡單了，只是寫成直式算算看而已，怎麼還不會呢？你昨天是不是沒有準備，不認真喔！」

紀老師的話一說完，後座的亦廷噗哧地笑了起來，說：「不是不認真，是認真也不會，笨蛋！」

這時，只見秀麗更顯得焦慮、緊張，整個身體僵硬得像個木頭人一般，手汗溼透了試卷，整個人腦筋一片空白。

望著消極愣在座位上的秀麗，紀老師一時不知該如何是好。但這畫面也讓他顯得有些不耐煩。「拜託，這次真的很簡單。好啦！如果真的不會做，應用題就先跳過去，把會寫的運算先做一做。」因為每回當秀麗空著考卷，被自己畫個大叉，帶回家訂正並讓父母簽名時，秀麗的爸媽總會不解地問紀老師：「到底是怎麼回事？為什麼我們家秀麗的考卷都是這樣？」

對於秀麗爸媽的反應，紀老師常感到不以為然，心想：「秀麗是你們的女兒耶！她考試不寫，應該要問你們做父母的，怎麼反而來問我？我們全班總共有二十四個孩子耶！我哪知道他們每個人在想什麼？更何況，別的同學也大多能完成考卷啊！」

秀麗仍然眼神空洞地望著桌上的試卷，筆依然不為所動。鐘響了，第三排排長從後面走來，把每個人的考卷一張一張收起來，整理好，交給老師。依往例，紀老師很本能地先將她的考卷抽出來，一樣在未作答的試卷上用紅色簽字筆畫上大叉，並在右上角迅速地補上一個0字，底下一條橫槓。

維持好心情的祕訣指南

秘訣176

標籤勿入

你可能常聽見孩子在喃喃自語或唉聲嘆氣地抱怨：「反正怎麼學都學不會。」「反正怎麼寫都寫不完。」「反正怎麼考都不及格。」縱使你發現孩子眼前的學習內容簡單到他幾乎都會，今天的學習單、作業量少到二、三十分鐘就可以完成，或者這回老師已經把題目難度降到最低標準，但孩子還是一話不說，面對學習內容，心灰意冷地雙手舉白旗，棄械投降。

為什麼孩子如此習得無助？想想孩子的過往經驗，是否都持續面臨著無法解決的難題？不要說作答了，有時連先寫個名字可能都累了、疲了、倦了。面對孩子的成績，你是否曾經注意過，孩子的能力與眼前這挑戰之間的關係？還是只一味地歸咎於他不專心、他不認真、他沒有努力？

面對孩子習得無助的狀況，請提醒自己「標籤勿入」。你的「不專心」、「不認真」、「沒有努力」、「怎麼那麼笨」、「老是學不會」等**刻板印象與抱怨，對於孩子改善習得無助的狀況並沒有幫助，反而只會對他的學習動機更落井下石。**

試著找出習得無助背後的那抹幽魂吧！釐清讓孩子掉入深淵的那個真正癥結。

秘訣177

跨不過的障礙

一個孩子面對學習之所以會形成習得無助的心態，往往可以深究到**以往他所面對的學習內容難度是否訂得太高了**。有些孩子曾經試著努力，但不管怎麼做，就是沒有辦法達到大人所設定的標準。一次一次地難以跨越，一次一次地受到挫敗，一次一次地面對高牆，最後他很容易就索性放棄了。縱使這回高牆不在了，標準降低了，但孩子的自信心也早已沉寂了。

請提醒自己，在設定這座高牆之前，你是否曾經先衡量過孩子翻牆的能力？如果沒有，請先貼心地將這座牆給撤下。讓孩子在視覺上，先免除高牆在眼前的壓迫感。同時在心理上，慢慢舒緩那持續跨不過的焦慮與無奈。

秘訣178

高牆重新設定

要讓孩子重新燃起學習的自信，這時高牆設定需要再次調整。你知道孩子的能力到哪裡嗎？你知道孩子的功力分配是怎樣嗎？先調整到適合的高度，甚至於將高度往下降，讓孩子先有機會能夠以這個高度輕鬆地跨越。

雖然，他可能認為眼前這一步仍然相當沉重，舉步維艱。

這就像原先被要求一定要跑完三千公尺，現在改調整為先以一百公尺練習衝刺。先讓孩子面對短距離的目標，亦即一百公尺的抵達線。讓孩子在那十幾秒內，先有可以跑完的心理準備與經驗。

與其抱怨孩子為什麼老是學不會，不如試著轉個彎，仔細看看孩子會的有哪些。在協助孩子設定學習之牆的高度時，彼此都會更精準些。

祕訣179

給我成功經驗

面對學習，真的需要適時給予孩子成功的回饋。這個回饋，往往也有助於推動孩子繼續面對眼前學習事物的挑戰。

如何製造機會讓孩子成功？一開始可以採取二選一的方式，讓孩子有意願地做出決定（對於習得無助的孩子，能做出決定是很關鍵的一步跨越）。同時為了加速孩子做決定，試著讓這二選一的內容有明顯的落差與反差，讓他很容易就可以判斷當中的差異，讓答案顯而易見。

先讓孩子證明「我可以做得到」，這就如同舉起腳，往前跨出一步。而這一步，扎扎實實地讓孩子感受到了踩踏的力道，有一股實在的感覺。舉起腳，這需要一股意願，一股動力。當孩子感到「我可以」，心踏實了，接著會有第二步、第三步……容易一步接著一步，往前邁進。

降低標準不是替孩子放水或輕忽他的能力，而是孩子極需要這些可以完成、可以啜飲的一口水，能夠讓他維持學習動機與穩定心情、很基本的一口水。

祕訣 180

量身訂做

如果你的孩子在學校裡具備特殊教育學生的身分，這時特別要建議你，透過個別化教育計畫（Individualized Educational Program，IEP），與資源班、特教班及相關老師討論時，可根據〈特殊教育法〉第十九條：「特殊教育之課程、教材、教法及評量方式，應保持彈性，適合特殊教育學生身心特性及需求……」來維護孩子的學習權利。

為什麼在這裡需要做這項提醒？因為面對特殊需求的孩子，如果未考量他的身心特性及需求，那些**不適當、未量身訂做的課程、教材、教法及評量方式，往往將讓這些天使們更容易陷入學習的挫折與無助**。學習動機將因為自信心的低落，更難提升。

請提醒自己，〈特殊教育法〉或〈特殊教育法施行細則〉等相關法源規定，是保障著特殊需求孩子的基本學習權利，同時也是讓相關老師在協助這群天使時，可以有所遵循的方向。

祕訣181

找出學習的替代道路

在面對習得無助感的孩子當中，有一群學習障礙（Learning Disabilities）孩子最能感同身受。這群特殊需求孩子，通常是「智力正常或在正常程度以上，個人內在能力有顯著差異」，「神經心理功能異常而顯現出注意、記憶、理解、知覺、知覺動作、推理等能力有問題，致在聽、說、讀、寫或算等學習上有顯著困難者」（參考〈身心障礙及資賦優異學生鑑定辦法〉第十條）。

這群孩子以一般的教育方式介入，仍然在學習上有所困難。例如：當孩子出現閱讀障礙的困擾，這時在協助他學習的方式上就必須繞個路，先迴避文字的閱讀管道，而改由其他的媒介進行，比如透過影片或聽CD、實際操作等方式，讓孩子增加學習的動機、理解能力與成功經驗。

如果一味地使用文字符號作為學習的輸入媒介，孩子就像陷入符號的迷陣中，失去了方向，無法走出學習的森林困境。久而久之，那種努力之後仍舊無法達到預期表現的無助感，讓孩子就像掉入無盡的深淵般，無論自己如何吶喊、呼叫、求救都無人應答，伸手也無法攀上跳脫困境。

幫孩子找出另一條替代道路，讓學習這輛車可以燃起動力，繼續前進。

秘訣
182

同理孩子對於失敗的經驗感受

習得無助的孩子，先前總是經歷了一次又一次的失敗，這些失敗的經驗就像一座大山橫在眼前，讓他無論再怎麼努力都很難跨越。當山在孩子的心裡愈來愈高，孩子的自信也就顯得愈來愈渺小。

你可以想像這是怎樣的一種感覺嗎？雖然很難，但是我們無論如何都得試著去感受，那種當孩子面對大山一天又一天，卻無論如何都很難跨過的無力感、無助感、無奈感與挫敗感。這些感覺扎扎實實地落在孩子的心裡。孩子需要被同理，孩子的心需要被感受、被反映，這些由失敗、挫折所圍成的心理牢籠，才有機會被化解。

「秀麗，媽媽可以感受到當你面對考卷時，心裡那種不知所措的焦慮。我在想，一次一次的挫敗感一定讓你很難受，甚至難受到讓你有種想要自我放棄的感覺。」無論你是以擋土牆或防護網固定邊坡，**都請先對孩子的感受給予接納、支持。**你的態度將決定孩子在這段學習之路上，是繼續土石崩塌、鬆動，還是可以暫時獲得維護。

祕訣 183

自我對話：我可以！

語言的力量很微妙，就像一刀兩刃。你可以不斷暗示自己、說服自己，甚至於到後來催眠自己：「我就是做不到！」這句話將如自我預言般，果然，你就是沒辦法，你就是做不到。這些負向的語言，常不知不覺地把孩子導向失敗的無尾巷中，甚至墜入無盡的黑暗深淵裡。

同樣地，你也可以翻轉這把刀，用正向的話語讓自己充滿能量。這些話不是在把情況合理化或自我欺騙，**而是當你給予自己一股正向的想法時，自然就比較容易形成一股支持自己去面對的力量**。合理化，讓學習裹足不前；正向思考，則讓孩子勇敢跨步向前。

試著讓孩子以堅定的語氣，就如同緊握拳頭一般，給自己一股正向的話語力量：

「我相信，這回的題目，只要我屏住氣，仔細讀題、想想題意、細心計算，再重新驗算，一定可以有好的表現。」

「我相信我可以，我想我可以試試，或許會有不一樣的結果反轉。」

「嗯，沉住氣。這類型的題目我已經練習了好幾回，一題一題，穩紮穩打，應該會有漂亮的成績。」

要讓學習的內在動機燃起，需要一股正向的力量加持。這種加持所形成的自信力量如同推進器，讓孩子在面對眼前的學習內容時，以「兵來將擋，水來土掩」的精神，一步一步向前。

祕訣
184

你相信的力量

面對孩子的習得無助，請記得，**你對於孩子「做得到」的相信、對於他「能夠完成」的支持，是非常關鍵的一股力量**。不要小看這個力量。有時，「相信」來自於你的身體靠近、肢體接觸，或許是輕拍、搭肩、握著手或擁抱。有時，你堅定的眼神、專注的凝視，也會讓孩子感染到這一股信任加持。有時，你說話的輕柔語氣、溫暖飽滿的語調與鏗鏘有力的正向話語，也熱烈地傳達出這份「相信」。

問題二十七
孩子常抱怨肚子痛

「婉瑜，你又怎麼了？不會又肚子痛吧？奇怪，已經看了那麼多次醫生，也沒查出個什麼。」媽媽皺著眉，望著蹲在門口的婉瑜。只見她手抱著肚子，一副痛苦的模樣，書包與便當盒散落在一旁。

「我肚子好痛、好痛。」

「那你要不要去上廁所？」

「我上不出來，我肚子好痛、好痛。」

媽媽有些質疑，但又一臉無奈地不知所措。「那你要先請假去看醫生嗎？」

「我肚子真的好痛、好痛。」婉瑜蜷縮得更緊，痛得眼淚直流。

「那該怎麼辦？請假？可是你每次只要一請假就又沒事，這到底是怎麼一回事？難道真如小兒科醫生說的要去看兒童心智科？該不會是上學壓力太大了？」

「我肚子好痛、好痛。」婉瑜一次又一次地叫著。

這回，媽媽真的有些不知如何是好。「再請假的話，功課愈差愈多，已經有好多習作與講義都空著沒寫了。請假在家也只是顧著玩，不然就吵著要我帶她出去，這也不是辦法。」媽媽心中真的很苦惱。但是按照過去的例子，以婉瑜的這種狀況，一點都沒有辦法把她拉去學校上課。

婉瑜三不五時肚子痛的狀況，實在讓媽媽很苦惱。「該不會哪天跟我抱怨她頭暈、噁心、想吐，又不上學了？唉！或許這真的是逃避的心理作用吧！」

「不然，我們早自習和第一節課先請假去看醫生。如果醫生說沒事，那你還是得回學校上課。到時候如果真的不舒服，就請老師帶你去校護阿姨那邊休息。」

婉瑜媽心想：「如果真的沒事，再怎麼樣也應該上學才對。」話是這麼說，但她真的沒有把握，這回是否推得動孩子去上學。

維持好心情的祕訣指南

祕訣185

焦慮反應

面對壓力，每個孩子呈現出來的焦慮反應不盡相同。有些孩子會不時轉動、纏繞、撥弄著頭髮，有些甚至於出現拔頭髮的舉動。不停地眨眼、擠眉弄眼、聳肩、做鬼臉，發出怪聲等不自主的抽動（tic）也有。頭痛、頭暈、脖子僵硬、肩膀痠痛、疲憊、腦筋一片空白、額頭冒汗、盜冷汗、流手汗。咬手指、摳手指、咬衣領或袖口、轉鈕釦也很常見。當然也包括其他肚子痛、頻尿、拉肚子勤跑廁所等。這些都是孩子很常見的焦慮反應，請仔細留意自己的孩子是否經常如此？

祕訣 186

肚子痛的成因分析

如果孩子常在上學前抱怨身體不適，但經過仔細的生理檢查與就診後，仍然無明顯的特定生理因素，這時，**心理壓力可能衍生的生理不適就必須被重視了。**特別是當孩子趨近焦慮情境時（例如：上學或面對學習事物），很明顯就抱怨身體不適，但如果一遠離該情境（例如：請假在家或不需接觸學習事物），對身體的抱怨即消失，這時孩子在學習上（當然也可能包括其他因素，例如：適應情境、分離焦慮、選擇性緘默、人際關係問題等）的壓力源，就必須要清楚地加以釐清。

祕訣187 出現轉變的時間點

你可以如此思考：「為什麼孩子不喜歡去學校？」由於孩子對於焦慮不見得容易或願意清楚地說出，**在追溯孩子的壓力與焦慮情境時，可以採用回想的方式**，仔細想想孩子平時最平靜、自在會是在什麼樣的情境？同樣地，開始出現身體抱怨的轉折點又是在什麼時候？這將有助於釐清孩子的壓力源，也可以找到阻撓學習動機出現的大石塊。

祕訣188 對於「雙重獲得」的果決處理

焦慮感總是容易讓人選擇逃避面對，這種逃避不是孩子的專屬權利，大人很自然也會如此。當孩子該到學校卻沒去，這時，關鍵點就在於孩子人在哪裡？做什麼事？有時，我們很避諱孩子請假在家，結果當他在家時卻歡樂逍遙，點心、餅乾、糖果、零嘴，外加3C刺激，甚至於與家人逛街、喝下午茶。如此的「有所獲得」，將更強化孩子決定留在家裡的念頭與行動。

你必須在雙重獲得上做一個果決的處理。當你暫時無法解決孩子拒學的逃避問題時，那麼對於孩子選擇在家所可能遇見的「得」（例如：前面所指的歡樂逍遙），你就必須做好該有的防守與堅持。**請記得，請假在家，不表示孩子就理所當然地可以接觸未上學的意外收穫。**

祕訣 189

讓學習保溫

當孩子出現身體抱怨，要求選擇留在家裡，這時他在家裡是否應該要繼續學習？我想，學習的溫度仍然應該繼續保溫，除非，孩子有明顯的拒絕理由。

「這我不會，太難了。」好，那就調整至你會的部分。

「我不要做！」嗯，這時我們就得好好思考「孩子該如何說服我」。

「我不喜歡寫作業！」所以呢？想想，是否「只要我不喜歡，什麼都不可以」？

這裡所要強調的是，當孩子沒有生理上的不適，卻選擇請假在家的情況。在孩子的能力範圍內，屬於他該有的責任，無論是閱讀或書寫，仍然得接觸、保溫。

當孩子在家，仍然必須維持做孩子該做的事，除非是身體真的有明顯不適。

祕訣
190

校園緩衝區

當你發現孩子真的抱怨肚子不舒服，但檢查後仍然沒有明顯的生理跡象時，或許可以採取「先到校，再觀察」的方式。如果孩子持續抱怨，這時可以先至健康中心，委由校護阿姨照顧協助，視情況再決定是否回班上繼續上課。

請提醒自己，**健康中心只是暫時的安置，可以視為是前進指揮中心，但請別讓它成為孩子面對壓力的長期避難所。**

祕訣
191

轉移的力量

留意孩子是否過度注意身體的反應，常將注意力聚焦在這些身體的反應上，甚至於放大、誇大這些反應，並感受到身體的極度不適。轉移注意力，是孩子因應焦慮的主要選項之一。只是在面對強敵的壓力下，孩子可能無暇招架，而需要我們來協助他，試著透過參與其他活動，將過度的注意力從身體抱怨轉移。

轉移的練習很多元，在日常生活中也唾手可得。例如：仰望天空的雲朵、注視窗外或地上的光影、嗅聞身旁的花香、觀賞花朵的綻放，與家中的好麻吉寵物貓、狗的玩耍，聆聽流瀉出的曼妙音樂，細細品嘗、咀嚼口中的米飯香，或是觸摸經由太陽加持過後的暖暖棉被等。

當注意力轉換到這些你想像得到的事物，讓心情有機會舒緩，身體也進而可以放鬆，同時身心在相互回饋，讓自己自在。焦慮多少可以稍稍獲得緩解，讓身體不再抱怨。

祕訣192

抱怨的代價

對於孩子來說，有時身體的抱怨也是身不由己，特別是處在壓力因應出現失調的情況下。不過，有些孩子可能傾向於以抱怨身體不舒服作為逃避上學的藉口，這時父母在因應策略上可能就必須有所修正。

「寶貝，既然你肚子常常不舒服，這陣子媽媽就少買零嘴回來，還有你一直想吃的阿諾蛋糕我們就先不訂了。等過一陣子你的腸胃比較舒服後，我們再說。」

如果你的孩子原先一直期待美味，這時你可以試著刻意反向操作，讓他了解因為肚子不舒服（但實際上經過看診後，並沒有生理上的症狀，只是心理上的壓力反應），那麼這些夢寐以求的甜食就先無限期管制，等待她的身體狀況回復，再考慮是否補貨。

因為刻意的身體抱怨，間接地，自己的權利也因此受到牽連。

提醒你，**這種模式的運用，通常對於較年幼的國小、幼兒園學童比較容易產生牽制的效果**。對於邁入青春期的國、高中孩子，則效果容易遞減。同時在執行的過程中，請避免原先受剝奪的權利被其他事物取代。例如：當沒有阿諾蛋糕可吃時，可別以卡滋爆米花取代，否則效果也會大受影響。

問題二十八 當孩子的好勝心太強

永慎，媽媽知道你很努力，對於未來的升學準備也很積極。看到你的學習動機這麼強，對於媽媽來說真是很令人欣慰與高興的事。只不過，你能不能對自己好一點，別太要求自己？我想以你目前的能力與用功程度，要進入理想的大學是手到擒來的事。

真的要放輕鬆一些。除了平時的功課準備，我想你也自己安排了補習班的複習，多出來的時間，真的可以試著做一些紓解壓力的活動。看是和同學去逛逛街、打打球、看場電影、上網和朋友聊聊天都行。成績的部分就順其自然，好嗎？

媽媽試著以LINE寫了長長的幾段話給永慎，她也不知道孩子會不會仔細看這些留言。為了升學考試，其實母子之間的對話已經少之又少了。用文字來溝通，是無奈，也是目前僅存的方式之一。說溝通，有時永慎媽也懷疑，因為她很怕只是單向式的，話是出去了，但孩子的心是否接收到又是另一回事。

面對孩子看待考試的求好心切，永慎媽其實很矛盾。

她常在夜深人靜時想著：「這麼多年來，我們為了永慎的學業，從借戶口、遷戶籍、選校、安排家教到補習等，不斷地讓這孩子一直處在競爭的環境。雖然永慎的資質優秀，學習動機也強烈，對自己也抱有相當的期待與自信，但我總感覺這孩子的好勝心真的太強了，一直把自己處在緊繃的情況，像表面張力一般，就怕一有閃失，吹彈就破。」

「到底孩子該不該努力成這樣呢？」永慎媽疑惑著。「好勝心強或許是好事，但如果把自己的情緒逼迫到這種程度，而對其他事物缺乏熱情、好奇與興趣，那我寧可不要他這樣。」

維持好心情的祕訣指南

- 祕訣193　對於輸贏的過度簡化
- 祕訣194　情緒懸崖上的死亡鞦韆
- 祕訣195　勝利的甜果
- 祕訣196　品嘗失落感
- 祕訣197　失落的保存期限
- 祕訣198　孤注一擲的代價
- 祕訣199　恰到好處的好勝心
- 祕訣200　自我的超馬挑戰

祕訣193

對於輸贏的過度簡化

當孩子面對學習上的表現時，如果僅存在著「ON／OFF」開關式的過度簡化輸贏，這時，情緒的反應很容易會與輸贏結果糾結在一起。

球場上的比賽是一場零和競賽，不是你輸，就是我贏，就像棒球場上九局後延長加賽的分勝負。

但學習表現卻不盡然是場零和競賽，在這中間反而有許多不同的努力與表現所產生的彈性組合。雖然與他人較勁很自然，但不妨轉個念，把過程視為是一場場自我的挑戰。**與自己進行一場合理的競賽**，或許在對於輸贏的關注上，能夠稍微緩和些。

祕訣194 情緒懸崖上的死亡鞦韆

「非贏不可」的態度的確很令人感到驕傲，但從心理的層面來說，走至極端卻是極不妥當的，因為如此的使命感，很容易把自己逼到牆角或懸崖邊。這種情緒的驚險畫面有時就像厄瓜多的「死亡鞦韆」，你盪著建在懸崖邊樹屋上的鞦韆，沒有任何安全措施、沒有任何防護網及安全帶的保護。坐在上面，你可以感受到什麼叫做「生死一瞬間」。眼前雖然可以眺望通古拉瓦（Tungurahua）活火山，但是腳底下卻是萬丈深淵。**面對學習，真的不需要讓自己的情緒陷入如此絕境。**

祕訣195

勝利的甜果

贏的感覺真的很好。能贏，當然最好；然而想贏，也的確需要付出努力與代價。只不過，為了品嘗勝利的甜果所要付出的代價，是不是孩子本身、尤其是在心理層面上能夠承擔的？關於這一點，我們需要細細思量。

在演講的場合中，我常分享這樣的想法。「我一定要考上台大」這種自我要求，可能會讓父母感到十分欣慰。但是如果把自己逼得太緊，最後的結局並不是台大時，那孩子該怎麼辦？沒錯，最後可能還是進台大，但就怕進的是台大醫院。這有些玩笑式的比喻，其實背後的意義是很沉重的。

沉重的是，**孩子對於自己的目標設定是否合理？**如果不盡合理，但又強迫自己需要達到這樣的境界，其實是讓自己背負著莫大的壓力，就怕是壓垮駱駝的最後一根稻草。

祕訣196

品嘗失落感

人生有意思的地方，或許就在於你不知道何時會品嘗到哪一種人生的況味。

甜滋滋的勝利滋味的確很誘人，令人愛不釋手。因為在這當中，有著你的自我實現、被關注的焦點，及可能延伸而來的有形與無形獎勵。

然而輸了之後的失落呢？或許味道苦澀些，尤其當自覺是自己一個人孤獨地啜飲時，心中可能更不是滋味。我想，除了巧克力、咖啡的苦澀還誘人外，多數的人可能不會那麼愛失落這一味，孩子也是如此。

只是，看著贏，就表示有著輸。沒有人有把握，也不太可能讓孩子在成長旅途中，一路吃著甜美的勝利果實（謎之音：甜果吃太多也有礙健康）。因此，**在孩子的學習路途上，終究會遇上那顆賣相不討喜的「失落之果」，其實偶爾品嘗，也是一種美妙的滋味。**

祕訣197

失落的保存期限

試著讓孩子了解，失落感或挫敗感，就像其他的負向情緒（例如：生氣、厭惡、傷心、難過、焦慮、憤怒等）一樣自然。同樣地，可能會讓自己心裡感到一股不好受的滋味。雖然這些感覺很自然，但是要讓孩子明白，**自己有權決定要讓這些感覺在心裡面擺放多久。**

祕訣 198

孤注一擲的代價

在失落的調適上，除了你的支持與陪伴外，不妨也讓孩子知道，學業成績不會只是生命的唯一出口。生活中，還有更多美妙的學習等待著自己去接觸與感受。

當孩子將所有心思孤注一擲地投注在學業表現上，其實並不是明智之舉。怎麼說？**要維持好的成績表現，適度的放鬆與休閒活動是很關鍵的助跑隊友。**有時把自己的焦點全鎖定在學業上，看似全力以赴，但如此緊繃的程度，卻有礙於自己的學習表現。

考試時，常見因為緊張、焦慮而失常的孩子。反而，有適度休閒活動的加持來紓解壓力的孩子，在具備一定的水準及努力下，倒是常可以展現出漂亮的水準，儘管不見得一定是揮出全壘打，但至少都是漂亮的安打。

祕訣 199

恰到好處的好勝心

在學習這件事情上，藉由好勝心的力道，往往能將表現推到一個漂亮的水平。然而，好勝心並非絕對的「好」或「壞」二分法。無可避免地，好勝心強的孩子總是容易陷入「我要贏」的想望中。因此在這種突破輸贏的心態中，如何讓自己隨時調整穩定的心情，而不至於被得與失拉扯，加諸過多的壓力在自己身上，是很重要的一點。

如何維持好勝心在恰到好處的程度？這需要自我覺察的練習。例如：覺察對於輸贏的看法及在意程度，或者覺察因為輸贏所帶來的情緒起伏、焦躁與不安。**引導孩子為自己設一個平衡點**，當情緒感受已逐漸接近自己所能負荷的點時，除了進行紓壓放鬆，同時，也要逐漸將自己對於輸贏的想法調整至合理的範圍內。

祕訣 200

自我的超馬挑戰

一股自我挑戰的力道，往往有助於內在學習動機的燃燒。將好勝心從與他人相比較，逐漸轉換至自我挑戰的跑道，一段綺麗的學習風景也即將在眼前展開。

將昨日的自我、今日的自我與明日的自我，預設為三位極地超馬選手。今日的自我與昨日的自我，就像兩人在世界四大極地超級馬拉松巡迴賽：中國大戈壁沙漠、智利阿他加馬寒漠、埃及撒哈拉沙漠與南極，兩兩相互較勁。

今日的自我以超越昨日的自我為目標，同時藉由自我超越，獲得內心滿足與自我實現。在這一次一次的超越賽中，今日的自我轉成昨日的自我，而明日的自我又成了今日的自我。**經過一次一次的自我挑戰，你將發現學習動機不斷在過程中運轉、再運轉。**

國家圖書館預行編目資料

不吼不叫，激發孩子內在學習力／王意中著. --初版. --臺北市：寶瓶文化
2014.06
面； 公分. --（catcher；65）
ISBN 978-986-5896-75-1（平裝）
1.親職教育 2.親子關係 3.子女教育

528.2　　103009644

catcher 065

不吼不叫，激發孩子內在學習力

作者／王意中 心理師

發行人／張寶琴
社長兼總編輯／朱亞君
副總編輯／張純玲
資深編輯／丁慧瑋　編輯／林婕伃
美術主編／林慧雯
校對／丁慧瑋・陳佩伶・吳美滿・王意中
營銷部主任／林歆婕　業務專員／林裕翔　企劃專員／李祉萱
財務主任／歐素琪
出版者／寶瓶文化事業股份有限公司
地址／台北市110信義區基隆路一段180號8樓
電話／(02) 27494988　傳真／(02) 27495072
郵政劃撥／19446403　寶瓶文化事業股份有限公司
印刷廠／世和印製企業有限公司
總經銷／大和書報圖書股份有限公司　電話／(02) 89902588
地址／新北市五股工業區五工五路2號　傳真／(02) 22997900
E-mail／aquarius@udngroup.com

著作完成日期／二〇一四年四月
初版一刷日期／二〇一四年六月五日
初版四刷+日期／二〇二一年十一月二十五日
ISBN／978-986-5896-75-1
定價／三二〇元

AQUARIUS 寶瓶 文化事業

愛書人卡

感謝您熱心的為我們填寫，
對您的意見，我們會認真的加以參考，
希望寶瓶文化推出的每一本書，都能得到您的肯定與永遠的支持。

系列：Catcher 066 **書名：不吼不叫，激發孩子內在學習力**

1. 姓名：＿＿＿＿＿＿＿＿ 性別：□男 □女
2. 生日：＿＿年＿＿月＿＿日
3. 教育程度：□大學以上 □大學 □專科 □高中、高職 □高中職以下
4. 職業：＿＿＿＿＿＿＿＿
5. 聯絡地址：＿＿＿＿＿＿＿＿＿＿＿＿＿＿＿＿

   聯絡電話：＿＿＿＿＿＿＿＿ 手機：＿＿＿＿＿＿＿＿
6. E-mail信箱：＿＿＿＿＿＿＿＿＿＿＿＿

   □同意 □不同意 免費獲得寶瓶文化叢書訊息
7. 購買日期：＿＿ 年 ＿＿ 月 ＿＿日
8. 您得知本書的管道：□報紙／雜誌 □電視／電台 □親友介紹 □逛書店 □網路

   □傳單／海報 □廣告 □其他
9. 您在哪裡買到本書：□書店，店名＿＿＿＿＿ □劃撥 □現場活動 □贈書

   □網路購書，網站名稱：＿＿＿＿＿＿ □其他＿＿＿＿＿
10. 對本書的建議：（請填代號 1.滿意 2.尚可 3.再改進，請提供意見）

    內容：＿＿＿＿＿＿＿＿

    封面：＿＿＿＿＿＿＿＿

    編排：＿＿＿＿＿＿＿＿

    其他：＿＿＿＿＿＿＿＿

    綜合意見：＿＿＿＿＿＿＿＿＿＿＿＿＿＿＿＿
11. 希望我們未來出版哪一類的書籍：＿＿＿＿＿＿＿＿＿＿＿＿

讓文字與書寫的聲音大鳴大放

寶瓶文化事業股份有限公司

（請沿此虛線剪下）

廣　告　回　函
北區郵政管理局登記
證北台字15345號
免貼郵票

寶瓶文化事業股份有限公司　收

110台北市信義區基隆路一段180號8樓

8F,180 KEELUNG RD.,SEC.1,

TAIPEI.(110)TAIWAN R.O.C.

（請沿虛線對折後寄回，或傳真至02-27495072。謝謝）